保育士のための

相 談 援 助

Social Work

成清 美治
真鍋 顕久

【編著】

学 文 社

執筆者

＊成清　美治　神戸親和女子大学（第1章）

　中原　大介　福山平成大学（第2章）

　安田　誠人　大谷大学（第3章）

　沖佐　依子　長尾幼稚園（第3章）

＊真鍋　顕久　岐阜聖徳学園大学（第4章）

　西井　典子　大阪樟蔭女子大学（第4章）

　渡邊　慶一　京都聖母女学院短期大学（第5章）

　吉田祐一郎　四天王寺大学（第6章）

　上續　宏道　四天王寺大学（第6章）

　藤林　清仁　同朋大学（第7章）

　八田　清果　滋賀文教短期大学（第8章）

　児玉　俊郎　岐阜聖徳学園大学短期大学部（第9章）

　相樂真樹子　貞静学園短期大学（第10章1.）

　川上　輝昭　名古屋女子大学（第10章2.）

　賞雅さや子　仁愛女子短期大学（第10章3.）

　鎧塚　理恵　岐阜聖徳学園大学短期大学部　非常勤講師（第10章4.）

（執筆順：＊は編者）

は じ め に

　「相談援助」は，保育所における保育士の相談援助や保護者支援に係る実践力を養成するために保育士養成課程の改正に伴い，旧科目名「社会福祉援助」が現科目名「相談援助」（Ⅰ・Ⅱ）に変更された内容に基づいて作成するものである。それに伴って，新たに「相談援助」の目標が，以下のように定められた。

　1.　保護者に対する相談援助の意義と原則
　2.　相談援助の概要について検討する。
　3.　相談援助の方法と技術について理解する。
　4.　相談援助の具体的展開について理解する。
　5.　保育におけるソーシャルワークの応用と事例分析を通して対象への理解を深める。

等となっている。

　今回の科目変更に伴って，保育士の相談援助に係る実践力を高めると同時に保育におけるソーシャルワークの基礎的技術を習得することになる。

　この科目では，具体的に相談援助の概要では，相談援助の理論・意義・機能，保育とソーシャルワーク等を，相談援助の方法と技術では，相談援助の対象，過程，関係機関との協働・連携，社会資源の活用等を，そして，相談援助の具体的展開として，計画・記録・記述，関係機関との協働，多様な専門職との連携，社会資源の活用，調整，開発，事例研究等を学ぶことになる。

　本書作成にあたって，できるだけ平易な文章を心がけた。また重要な用語に関する解説の欄を設け，本文の内容の手助けとなるよう試みた。また，各章末には「プロムナード」（コラム）と「学びを深めるために」の欄を設けて最近の社会福祉並びに保育全般に関する理解を深めるための文献紹介を行う。

　なお，保育の実践を経験した若手研究者並びに中堅・ベテランの研究者に執筆していただいた。

　最後に本書の出版にあたり，快く引き受け支援していただいた学文社代表田中千津子氏に心より感謝する次第である。

　2017 年 3 月

編者を代表して　　成清美治

真鍋顕久

目　次

第 **1** 章

保育における相談援助

1　人口構造と家族構造の変化

（1）人口構造の変化

　1950（昭和 25）年の人口ピラミッドは「富士山型」で，総人口 84,115,000 人のうち生産年齢人口（15 歳〜 64 歳）はトータルで 50,169,000 人（59.6%）となり，総人口の過半数を占めていた。次いで年少人口（15 歳以下）が 29,786,000 人（35.4%），そして老年人口（65 歳以上）が 4,155,000 人（4.93%）であった。このように年少人口が多いのは，戦後の 1947（昭和 22）〜 1949（昭和 24）年に出生した「第 1 次団塊の世代」の人口層の影響である。

　その後，1980（昭和 55）年に総人口も 117,060,000 人と 1 億人を超えて人口ピラミッドは「釣鐘型」に変化した。生産年齢人口も第 1 次団塊の世代が生産年齢人口の中核となりトータルで 78,8335,000 人となり，日本の高度経済成長（1956 年〜 1970 年）を支えた（この間，人口移動があり，農漁村から都市部への大量の若年層の就労人口の流入があり，その結果都市部で過密，地方都市で過疎問題が生じた。そして，急速な工業化による公害問題も発生した）。また，この時期には第 1 次団塊の世代が親世代となり，「第 2 次団塊の世代」の人口層が出現した。しかし，その後 2012（平成 24）年には，総人口が 127,515,000 人となったが，老年人口も 30,793,000 人となり，総人口に対する割合も 24.1% を占めた。わが国は「高齢社会」（総人口に占める 65 以上の歳人口が 14% を超える社会をいう）となったのである（図 1 − 1 参照）。

　すなわち，人口ピラミッドが，総人口に占める年少人口層の割合が少なく，老年人口層が多くを占める「つぼ型」へと変化したのである（図 1 − 2 参照）。

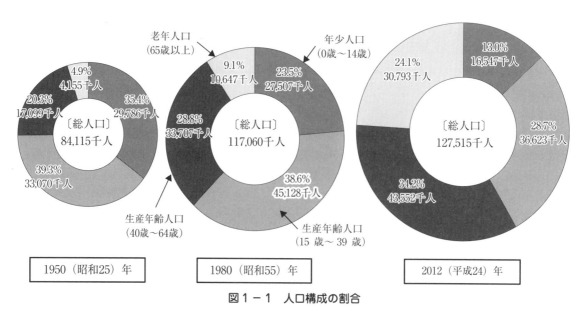

図 1 − 1　人口構成の割合

資料）1950 年・1980 年は総務省統計局「国勢調査」，2012 年は総務省統計局「人口推計（各年 10 月 1 日現在）」
出所）厚生労働省『厚生労働白書（平成 25 年版）』p.6

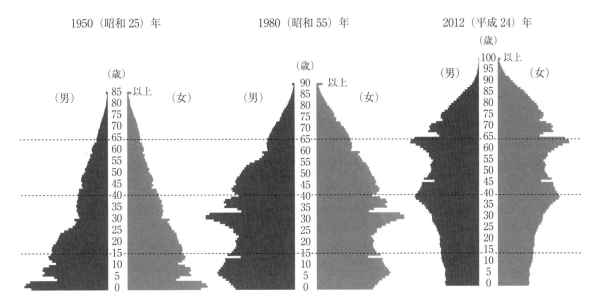

1950（昭和25）年　　　　　　1980（昭和55）年　　　　　　2012（平成24）年

図1－2　人口ピラミッドの変化

資料）1950年及び1980年は総務省統計局「国勢調査（年齢不詳の人口を各歳にあん分して含めた。）」2012年は総務省統計局「人口推計」
　　　より厚生労働省政策統括官付政策評価官室作成
出所）厚生労働省『厚生労働白書（平成25年版）』p.7

　国立社会保障・人口問題研究所によると今後，わが国の総人口は，2008（平成20）年の1億2,803万人をピークに減少を続け2043年には1億人を割り込むと推計されている。

　すなわち，65歳以上の老年人口が増え，16歳〜64歳の生産年齢人口と0歳〜14歳の年少人口が減少するという人口構造になり，いわゆる「人口減少社会」が到来するのである。

　2014（平成26）年10月1日現在，総人口127,083,000人のうち30歳未満の人口は男女合わせて35,119,000人で全体の27%であるが，年々減少気味にある（総務省「人口推計」（各年10月1日現在））。30歳未満の人口が減少することは，単に生産人口の問題だけでなく，世帯数・世帯規模の縮小，生まれてくる子どもの数の減少を意味し，経済活動あるいは社会保障制度に対する影響はもちろんのこと，地域社会のあり方，存続にも影響を与えるのである。こうした人口減少社会の大きな要因として「合計特殊出生率」（女性が一生涯に産む子どもの数）の低下をあげることができる。

　合計特殊出生率の低下の主たる原因は，一般的に，① 晩婚化・晩産化であると指摘されているが，その他に，② 女性の高学歴化と社会進出，③ ワーク・ライフ・バランス（仕事と生活の両立）の問題，④ 子育て支援（待機児童問題等），⑤ 子育て環境の悪化の問題（自然環境・社会環境），⑥ 経済的問題（子育ての経済的負担・教育費の負担），⑦ 性別役割分業（子育ては女性の専業），⑧ 結婚観の変化（未婚化・非婚化），⑨ 長時間労働問題，等をあげることができる。

　そこで，合計特殊出生率にもっとも影響を与えているといわれている晩婚化・晩産化の問題について触れることにする。この晩婚化・晩産化の背景には女性の高学歴化にともなう社会進出を指摘することができる。女性の社会進出が顕著になったのは，高度経済成長期以降であるが，当時女性の職場として，顕著であった「医療」（= 看護師），「教育」（= 教師），「福祉」（= 保育士）から近年ではあらゆる職域・職場に女性が進出する時代となった。その背景には1972（昭和47）年の「雇用の分野における男女の均等な機会及び待遇の確保等女子労働者の福祉の増進に関する法律」（通称：「男女雇用機会均等法」）の成立，そして，1999（平成11）年の男女が社会のあらゆる分野において参画する機会が確保され，均等に政治的，経済的，社会的あるいは文化的利益を享受することができ，責任を担う社会を目指すことを目的とした「男女共同参画社会基本法」等の成立が女性の社会進出をより顕著にしたのである（ただし，現実には，女性の社会的地位は欧米先進諸国に比較して，依然として低い）。

　こうした女性の社会進出は，高学歴化にともなう晩婚化あるいは結婚観の変化（未婚化・非婚化）によってより顕著となった。晩婚化は晩産化（高齢出産）につながり，結果的に子どもの数が減少する状況を生み出すことになるが，それ以上に，わが国の出産・育児支援（たとえば待機児童問題，男性の育児休業取得問題，企業の出産・育児に対する支援問題等）の施策の脆弱さが，合計特殊出生率減少に拍車をかけていると思われる。

　図表1－3は，女性の平均初婚年齢と母親の平均出生時年齢の年次推移である。1980（昭和55）年には初婚年齢が25.2歳で第1子出生時の平均年齢が26.4

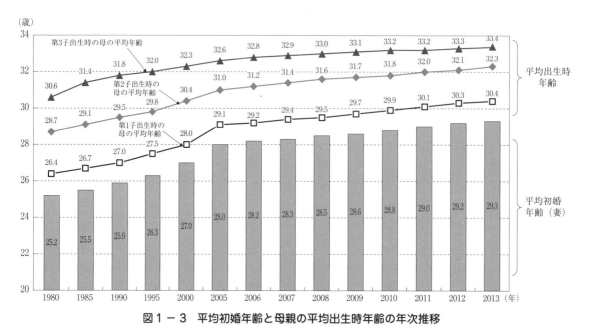

図1－3　平均初婚年齢と母親の平均出生時年齢の年次推移

資料）厚生労働省「人口動態統計」
出所）内閣府『少子化社会対策白書（平成27年版）』p.11

歳であった。しかし，その後順次，初婚年齢と第1子出生時の平均年齢が上昇し，2013（平成25）年には，それぞれ29.3歳と30.4歳になっている。この社会的背景には女性の就労人口の増大を指摘することができる。

（2）家族構造の変化

　わが国における家族のかたちは戦前，戦後を通じて伝統的に拡大家族（親子あるいは親子兄弟など何組かの夫婦が同居している家族）であった。しかし，高度経済成長期（1950年代後半から1970年代前半）以降，若年労働力人口が地方から都市部とくに4大工業地帯）に移動することによって，都市部に新たな家族のかたちである核家族（夫婦のみ，あるいは夫婦とその未婚の子どもからなる家族）が増加した。これ以降，農林漁業従事者と労働者階級の従事者数の数が逆転した。それにともなって家族を構成する世帯は圧倒的に「勤労者世帯」数が多数を占めるようになり，都市部では高度経済成長にともなって小家族である核家族（「単独世帯」「夫婦のみの世帯」）が増大した。

　図1－4は世帯人員別にみた世帯数の構成割合の年次推移であるが，1953（昭和28）年以降2人世帯が年々増加し，2013（平成25）年には全世帯数の約30%を占めるようになった。そしてそれに次ぐのが1人世帯で26.5%を占めている。これら2人世帯，1人世帯は，高齢化率の上昇にともないますます増加する傾向にある。

　ここで重要なのは，少子化社会のもとで児童のいる世帯あるいは児童のいない世帯の割合である。

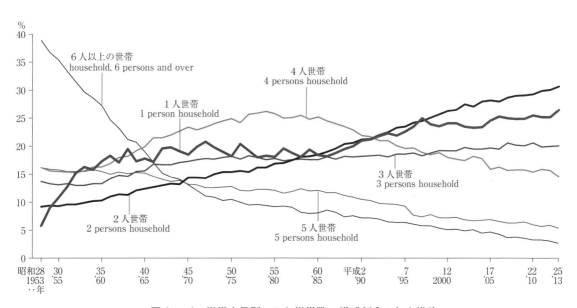

図1－4　世帯人員別にみた世帯数の構成割合の年次推移

出所）厚生労働大臣官房統計情報部「平成26年　グラフでみる世帯の状況―国民生活基礎調査（平成25年）の結果から―」2014年，p.6

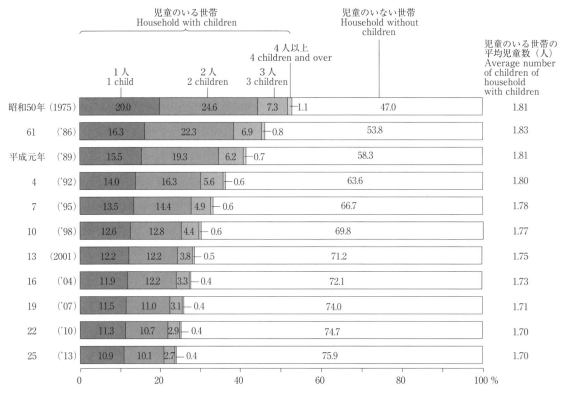

図1－5　児童の有無および児童数別にみた世帯数の構成割合・平均児童数の年次推移

出所）図1－4に同じ，p.14

　図1－5より1975（昭和50）年では児童のいる世帯は，53％でその内訳は1人が20.0％，2人が24.6％，3人が7.3％，4人以上が1.1％となっており，児童のいる世帯の平均児童数は1.8人となっている。これに対して児童のいない世帯は47.0％となっている。しかし，2013（平成25）年では児童のいる世帯は24.1％と激減している。その内訳は1人が10.9％，2人が10.1％，3人が2.7％，4人以上が0.4％となっており，児童のいる世帯の平均児童数は1.7人となっている。これに対して，児童のいない世帯は75.9％となり大幅に増加している。この現状はわが国が少子社会にあることを如実に示している。

　この背景には女性の社会進出，結婚観の変化にともなう晩婚化・晩産化，未婚化・非婚化の進行，若年層の所得の減少等があるが，少子化が与える女性の就労，家庭，地域に与える影響について述べると以下のようになる。

　① **ライフサイクルの変化**：少子化の進展により子どもの数が減少することはライフサイクルに占める子育て期間が短縮化され，家事・育児に対する消費する時間が相対的に短縮することになる。このことは女性の就労形態に影響を与える。従来，わが国の女性の就労はM字型就労で，学卒で就職しても結婚退職，出産・育児のためいったん家庭に入り，育児期間が終了後，再就職するのが一般的パターンであった。しかし，ライフサイクルの変化により

ライフサイクル

　人間が誕生してから死に至るまでの一連の過程を表現する用語で生活周期と訳す。一般には成人男女が結婚し家族が形成されると子どもが生まれる。子どもは乳幼児期，学齢期を経て成人に達し，就職や結婚を経て親となる。そして，壮年期，老年期に入り，高齢者としての生活のなかで配偶者の死亡などが経験され，家族は消滅する。

育児期間が短縮されることは，女性の社会進出並びに継続就労を容易にする。

② **男性の家事・育児への参加**：女性の職場進出，継続労働を容易にするため，男性の家事・育児への参加を必然的に促す。

③ **家庭機能の縮小**：女性の社会進出は，家庭内の育児，洗濯，食事，教育（保育所・幼稚園，クリーニング，外食・加工品，学習塾）機能縮小化を促すことになる。

④ **性別役割分業**：女性の社会進出は，従来の固定概念である性別役割分業を変革させる。

⑤ **家庭と地域社会との関係**：子どもの数が減少することは，兄弟・姉妹の関係での競争心，譲り合い，思いやり，社会性の育成等の機会を奪うことになる。そのため家庭と地域社会との連携が必要となる。

⑥ **女性の職場進出の影響**：女性の職場進出は企業の意識変革を促進させ，働く環境を変化させる。

(3) 地域における子育て支援施策

　地域社会における子どもの減少は，近隣に子どもの数が少ないため，子ども同士のコミュニケーションを図る機会が少なくなる。また，今日の子どもたちは，家庭と学校と塾（学習塾，習い事）との往復で一日を終えることが多くなっていることもあり，地域での隣近所とのコミュニケーションの場が減少している。また，共働きの両親も増加し，長時間労働が常態化しているわが国にあって，親子間のコミュニケーションが取りづらくなっている。

　つまり，現代の子どもは，地域社会あるいは家庭におけるコミュニケーションの機会が少なく，しかも少子化の影響で兄弟・姉妹が少ないため，「1人遊び」（とくにゲームや携帯）に興じる時間が多くなっている。このことが，コミュニケーション不足による対人恐怖症を引き起こしたり，ひいては「ひきこもり」状態に陥ったりするケースにつながっているともみられている。こうした状況に対して，政府は「子ども・子育て支援法」（2012）を成立させた。同法の成立の目的は，わが国における急速な少子化にともない地域社会で子育て環境の変化に対応すべく幼児期の学校教育・保育・地域の子ども・子育て支援を総合的に推進するため，児童福祉法その他の子どもに関連する法律とともに推進することである。主なポイントは，① 認定こども園，幼稚園，保育所を通じた共通の給付（「施設型給付」）および小規模保育等への給付（「地域型保育給付」）の創設，② 認定こども園制度の改善（幼保連携型認定こども園の改善等），③ 地域の実情に応じた子ども・子育て支援（利用者支援，地域子育て支援拠点，放課後児童クラブなどの「地域子ども・子育て支援事業」）事業の充実，④ 実施主体は市町村，⑤ 財源は消費税引き上げによる社会全体が負担する，⑤ 内閣府に子ども・子育て本部の設置，⑥ 子ども・子育て会議（国）の設置等である。

人口減少地域での展開	子ども・子育て支援新制度の 主なポイント	大都市部での展開

子どもが減少する中で、適切な育ちの環境を確保することが課題

潜在的なニーズにまで応え得る待機児童対策が課題（保育所待機児童解消加速化プランなど）

子どもが減少しても、認定こども園を活用し、**一定規模の子ども集団を確保**しつつ、教育・保育の提供が可能	①認定こども園制度の改善 ・幼稚園と保育所の機能を併せ持つ施設 ・「二重行政の解消」「財政支援の充実」により、地域実情に応じた展開が可能	施設・人員に余裕のある幼稚園の認定こども園移行により、**待機児童の解消が可能**
子どもが減少し、保育所（20人以上）として維持できない場合でも、小規模保育等として、**身近な場所で保育の場の維持が可能**	②小規模保育等への財政支援の創設 ・「小規模保育」（定員6～19人）、「保育ママ」（定員1～5人）等に対する財政支援（地域型保育給付）を創設	土地の確保が困難な地域でも、既存の建物の賃借等により、**機動的な待機児童対策を講じることが可能**
地域子育て支援拠点（子育てひろば）、一時預かりなど、**在宅の子育て家庭に対する支援**を中心に展開 ※取組を容易とするための見直し	③地域の実情に応じた子育て支援の充実 ・地域の実情に応じ、市町村の判断で実施できる13の子育て支援事業を法定 ・在宅の子育て家庭（0～2歳の子どもを持つ家庭の7割）を中心とした支援の充実	延長保育、病児保育、放課後児童クラブなど、**多様な保育ニーズに応える事業**を中心に展開

新制度の基盤

④市町村が実施主体	⑤社会全体による費用負担
・住民に身近な市町村に、子育て支援の財源と権限を一元化 ・市町村は地域住民の多様なニーズを把握した上で、計画的に、その地域に最もふさわしい子育て支援を実施	・消費税率引上げにより、国・地方の恒久財源を確保 ・質・量の充実を図るため、消費税率の引上げにより確保する0.7兆円程度を含めて1兆円超程度の追加財源が必要

図1－6　地域の実情に応じた支援の展開

出所）内閣府「子ども・子育て支援新制度の概要」2015年，p.10

　図1－6は「地域の実情に応じた子育て支援の展開」の概要図である。なお、この図には、人口減少地域並びに大都市部それぞれの展開が提示されており、内容がわかるようにようになっている。市町村子ども・子育て支援事業計画にしたがって「地域子ども・子育て支援事業」が行われる（子ども・子育て支援法第59条）。その事業内容のポイントは、①利用者支援事業、②地域子育て支援拠点事業、③母子保健法に規定する妊婦健康診査、④乳児家庭全戸訪問事業、⑤養育支援訪問事業、⑥子育て短期支援事業、⑦ファミリー・サポート・センター事業、⑧一時預かり事業、⑨延長保育事業、⑩病児保育事業、⑪放課後児童健全育成事業、⑫実費徴収に係る補足給付を行う事業、⑬多様な主体が本制度に参入することを促進するための事業等となっている（詳しくは、第8章参照）。

ファミリー・サポート・センター事業

　ファミリー・サポート・センターは、地域において子どもの預かり等の援助を行いたい者と援助を受けたい者からなる、地域住民の相互活動の会員そしきである。市町村がこれを設立して子育てと就労とを両立させるためファミリー・サポート・センター事業を実施する。事業内容は会員の募集、登録、その他の会員組織業務、相互援助活動の調整、講習会の開催、交流会の開催、子育て支援関連施設事業との連絡調整である。

2　相談援助の歴史的展開

（1）ソーシャルワークの源流

　地域の子育て支援における保育士（保育所）の果たす役割は、地域の子ども・

子育て支援事業においても，多様なニーズに応えるためその役割と機能はますます重要となっている。そのなかで保育の専門職として，子どもの保育あるいは保護者との関わりにおける保育士の果たす役割は重要である。今日の保育実践の場は保育所だけでなく，地域における子育て支援にまで拡大している。子どもや保護者に対する援助を促進する手段としてのソーシャルワーク（相談援助）は，子育て支援を図っていくために必要不可欠なものである。この節ではソーシャルワークが辿ってきた源流について明らかにしていく。

　ソーシャルワークの源流は，次のように19世紀以降のイギリス，ドイツ等における諸活動に求めることができる。

1）チャルマーズの「隣友運動」

　スコットランド市の牧師であったチャルマーズ（Chalmers, T.）は，1819年グラスゴー市のセント・ジョン教区（貧困地区）に赴任した。当時のグラスゴーは，全人口のうち労働者が80％近くを占め，イギリスでも有数の工業都市であった。そのためイギリス北部の各地から労働者が集まり，スラム（貧民街）を形成していた。

　彼は地域社会における「隣友運動」（Neighbourhood Movement）を展開したがその特徴は，救貧は自発的な民間の慈善によって取り組むべきものであるとし公的救済を否定した。貧民の救済案として，① 貧困の原因を追求するための「科学的救済法」の必要性，② 貧民救済のための公金使用の禁止，③ 貧民に対する教育の充実等を提案した。彼は救済の順位を，① 自助，② 親類による援助，③ 貧民の相互扶助，④ 富裕階級の援助の4種類に分類し，その順序にそって行うべきであると説いた。個人の自立を目的とした隣友運動により，救貧費は大幅に減少した。彼の活動は，教区（教会の行政区）ごとに1名の相談担当者（ボランティア）を配置し生活上の問題等の相談に応じるというものであった。この運動はのちの慈善組織協会の設立並びにケースワークの源流となったのである。

2）エルバーフェルト制度

　ドイツの貧民救済制度のひとつであるエルバーフェルト制度（Elberfeld system）は，1852年にドイツのハイト（Heydt, D. V. D.）の発案によってエルバーフェルト市（現，ヴッパータール市）の条例として制定された。

　このエルバーフェルト制度の救済方法の特徴は，救貧委員が貧困家庭を訪問し，調査並びに生活相談を実施すると同時に医療や雇用の世話も行った。同制度が個々のケースに対して個別的に対応することにより，被保護者数の減少が可能となり公的費用の削減を図ることができた。

　なお，わが国においてはエルバーフェルト制度をモデルとして，1918年に大阪府知事林市蔵のもとで，小川慈次郎によって方面委員制度（現・民生委員制度）が創設された。エルバーフェルト制度は，貧困者の家庭を訪問し，調査，

相談等を行ったが，その際，ケースワーク（個別援助）の方法を用いたのでケースワークの礎とされている。

3) 慈善組織協会（COS）

　1869年にロンドンにおいて慈善組織協会（Charity Organization Society）が設立された。当時のイギリスは産業革命による大量の労働者人口の都市への流入による都市環境の悪化と貧富の格差が顕著であった。こうした状況のもとで設立されたCOSの慈善思想を理念とした貧困観は，道徳主義に基づくものであった。すなわち，貧困に陥るのは個人の責任によるものであって，決して社会的責任は存在しないというものであった。

　COSの救済方法は，戸別の家庭訪問とケースワークによる援助活動（救済）であった。

　同協会は，①慈善事業団体の調整・連絡（濫救，漏救の防止），②友愛訪問によるニーズの適切な把握（個別訪問指導：ケースワーク），③慈善事業の組織化「公私の棲み分け」（貧民の「救済」を目的とする救貧法に対して，COSは貧民になるのを「予防」する手段として用いた）の役割を果たした。すなわち，慈善事業の対象を「救済に値する貧民」（COSの対象）と「救済に値しない」（懲罰的救貧法の適用）に分類し，前者に対して，貧困調査を実施した。その方法は貧困家庭を個別訪問し，調査・相談を行うというケースワークの方法を用いた。これが「友愛訪問」（Friendly　Visiting）である。また，全国の慈善組織団体の連絡・調整を行い，各団体の組織化を図った。この活動が，コミュニティオーガニゼーション（Community Organization）の草分けとなった。また，この慈善組織協会は1877年にアメリカのバッファローでも設立され，同協会の職員であったリッチモンドによってケースワークの理論的構築がなされることとなった（次項（2）で詳述する）。

4) セツルメント運動

　セツルメント（settlement）運動の創始者は，イギリスのデニスン（Denison, E.）であり，「セツルメントの父」と呼ばれている。この運動の目的は民間の知識人がスラムなどに住み込み地域住民と隣人関係を結んでグループワーク（集団援助技術）を通して，地域住民の生活改善や自立を促し，コミュニティオーガニゼーション（地域組織化運動）によって，生活環境や制度の改善を図ることにある。デニスンの思想的継承者であり，セツルメント運動を組織的に実践した牧師で，社会改良家のバーネット（Barnet, S. A.）は，1884年のイギリスのイースト・エンドにセツルメント運動の拠点として，トインビーホール（Toynbee Hall）を設置した。

　このトインビーホールは，経済史家，社会改良家でセツルメント運動の発起者であり，若くして亡くなったトインビー（Toynbee, A.）を記念して建てられた。

イギリスのセツルメント運動は後に各国に広まったが，その代表格がアメリカのシカゴのスラム街にアダムス（Addams, J.）によって1889年に建てられたハル・ハウス（Hull House）である。彼女は1910年に全米社会事業会議の議長となり，翌年の1911年に全米セツルメント連合を設立し，のちに会長となる。そして，長年のセツルメント活動の業績が認められて，1931年にノーベル平和賞を受賞した。彼女のセツルメント活動は，クラブ組織によるグループ活動（子どもクラブ，若い婦人の読書会，移民のためのプログラム等）が発展して，その活動の経験からグループワークの展開や地域調査活動まで展開することになった。

日本におけるセツルメント活動は，1897（明治30）年にキリスト教社会主義者の片山潜が東京・神田三崎町に開設した「キングスレー館」がその始まりとなっている。彼はアメリカのエール大学で学び，労働運動，社会問題に取り組んだ。このようにセツルメント活動は地域住民との連帯のもとで行われたが，ソーシャルワークのグループワーク並びにコミュニティオーガニゼーション（＝コミュニティワーク）の原型を形成したといわれている。

5）YMCA，YWCA

YMCA（Young Men's Christian Association）とYWCA（Young Women's Christian Association）であるが，YMCAは1884年に産業革命の下でロンドンにて「青少年による青少年のための団体」として12人の青年たちによって設立された。

創設の中心メンバーであるウイリアムズ（Williams, G.）は，当時の労働者の長時間労働（1日平均14時間）という厳しい労働条件の改善に努めた。彼は疲労が心身を害するとし，健康な生活を維持するためにキリストへの信仰が必要であるととなえ，信仰のグループとしてYMCAを創設したのである。

その後，クリミヤ戦争に従軍したキナード（Kinnaird, M. J.）が看護師のホームを設けたが，これをYWCAとよぶようになった。YWCAもキリストの信仰に基づくグループとして1885年に創設された。この2つの青少年団体の活動において，グループのメンバー個人やグループ全体が直面する問題の解決とメンバーの成長を促すことを目的としたソーシャルワークのひとつの技法であるグループワークが用いられた。

（2）ソーシャルワークの基礎確立期

前項で述べたようにソーシャルワークの源流となったのはチャルマーズの「隣友運動」，エバーフェルト制度，COS，セツルメント，YMCA・YWCA等で，生活困窮者に対するインフォーマルな援助活動であった。

イギリスで設立・発展したCOSが，大西洋を渡ってアメリカのバッファローに設立されたのは，1877年である。同国のCOSの活動は「貧民状態改良協会」（AICP）の活動と同様，貧困に対して基本的に道徳的，個人主義的，自

助に立脚するが，有給専任職員を配属し，科学的視点に基づいた貧困の原因を分析するようになった。

当時のボルチモアのCOS職員であったリッチモンド（Richmond, M. E.）は，ケースワークの理論化，体系化を行った。その主著は『社会診断』（*Social Diagnosis*, 1917）と『ソーシャル・ケースワークとは何か』（*What is Social Case Work?*, 1922）等である。

彼女はケースワークの定義を「ソーシャル・ケースワークは人間と社会環境との間を個別に，意識的に調整することを通してパーソナリティを発達させる諸過程から成り立っている」[1] と説いた。

彼女の功績は，これまでの経験主義・道徳重視の従来のケースワークに対して，諸科学の視点を導入して科学的・合理的なケースワークの基礎を確立したところにあるが，問題点として，ケースワークの最終目標を個人のパーソナリティの発達においたため，のちのケースワークの実践者，研究者たちが個人と社会環境の間の問題に注目することが希薄となったことがあげられる。そのため，第1次世界大戦後のケースワークは，個人と社会環境の問題を注視することなく戦争後遺症（兵士の神経症）の治療を主目的として，フロイト（Freud, S.）の開発した精神分析学に近接することとなった。

（3）ソーシャルワークの発展期

4年間にわたる第1次世界大戦（1914-1918）は，これまでの地域間での小火器による戦争と異なって，兵器も近代化された。実戦には大砲や戦車や戦闘機が登場し，戦場に砲弾がさく裂し，多数の負傷者や死者が続出する悲惨な戦争となった。こうした戦況のもとで戦場に赴いた兵士たちのなかには，身体の負傷・損傷のみならず，神経に異常をきたす者が多数あらわれた。

これらの状況からケースワークの対象が従来の生活困窮者から，戦地に赴いた軍人やあるいは残された家族の精神的支援の必要性による心理的・精神的側面の援助に関心がもたれるようになった

こうした社会背景のもと民間機関を中心としてケースワークは発展したが，新たな活路を見出すためケースワークにフロイト（Freud, S.）が創設した精神分析学が導入されることとなった。こうして，リッチモンドのパーソナリティ論に精神分析論が結合された「診断主義学派」（Diagnostic school）が誕生した。また，診断主義学派に対立する学派としてランク（Rank, O.）の「意志心理学」（will psychology）を基礎理論とした「機能主義学派」（Functional school）がやや遅れて誕生した。その後，両派はともにケースワークの関心を心理的あるいはパーソナリティに合わせたものが主流となり発展期を迎えるが，方法において際立った相違を見せたため長期間にわたって鋭く対立することになる。

（4）ソーシャルワークの統合化

　診断主義学派と機能主義学派の対立に対して，ケースワークの専門職団体は状況の打開を図るため，組織，団体を設立した。1950年代に入り診断主義学派と機能主義学派が互いに接近し，統合が試みられた。その背景には両派がこれまで精神分析あるいは心理学に依拠し，社会環境のテーマを軽視し見落としていたということがある。折衷主義台頭の旗頭としてまず，診断主義学派の立場に立ちながら機能主義学派の理論を取り入れ，両派の折衷を試みたパールマン（Perlman, H. H.）をあげることができる。

　次に折衷主義を唱えた人物としてアプテカー（Aptekar, H.）があげられる。彼は機能主義派の立場にたち，診断主義派の理論を導入して両派を折衷した。

　この2人の研究者により，両派の折衷・統合が試みられた。また，専門職団体においても統合化か進められた。すなわち，医療ソーシャルワーカー（1918），学校ソーシャルワーカー協会（1919），アメリカ・ソーシャルワーカー協会（1912），アメリカ精神医学ソーシャルワーカー協会（1926），アメリカ・グループワーカー協会（1946）の5つの専門職団体とコミュニティオーガニゼーション研究協会（1946），社会調査グループ（1949）の2つの研究団体が統合され，1955年に全米ソーシャルワーカー協会（NASW）が誕生した。

（5）ケースワークの批判期と新しいソーシャルワークの統合

　1950年代から1960年代にかけて，アメリカにおいて黒人（アフリカ系アメリカ人）の差別撤廃を求める公民権運動が展開された。運動が巻き起こるきっかけとなったのは，1955年12月1日にアラバマ州モンゴメリーで起こった「バス事件」（黒人女性が白人専用座席に座ったために逮捕された事件）であった。この事件でキング牧師（King, M. L.）は市民に対して1年にわたるバスボイコット運動を呼びかけたのである。彼の呼びかけに黒人のみならず白人にも共感する者が現れ，ボイコット運動を盛り上げた。もっとも公民権運動が盛り上がったのは「ワシントン大行進」（1963）であった。この大行進は人種差別撤廃を求めてワシントンD. C.に20万人が参加したのであった。この際のキング牧師の演説「I have a Dream」はあまりにも有名である。

　アメリカ全土を巻き込んだ公民権運動は，当時のジョンソン（Johnson, L. B.）大統領のもとで，公民権法（1964）の成立と翌年の投票権法（1965）を成立させ黒人の差別撤廃につながったが，経済的機会の不平等は未解決のままとなった。

　このように1950年代から1960年代にかけてアメリカでは，人種差別問題と貧困問題が一気に噴出した。それにともなって，これまでの精神分析中心のケースワークのあり方が厳しく問われるようになった。そして，アメリカにおいてソーシャルワークの統合化が始まった。

　統合化への歴史的展開の始まりは，全米ソーシャルワーカー協会の設立によ

る。それまで，分離していた5つの専門職団体と2つの研究団体がこの協会に統合されたのである。これによって，以後の活動がこれまで各専門職・研究団体で行われていたのが統一化・統合され，その理念においてソーシャルワーカーの同一化が図られたのである。また，ミルフォード会議（1923-1928）において，ソーシャルワークが共通の技術を有する専門職（ジェネリック：一般性）か，あるいは特別の技術を有する専門職（スペシフィック：特殊性）かについて論議された。その結果，報告書に「ジェネリック・ソーシャルワーク」という概念が登場し，ソーシャルワークの統合化の先駆けとなった。また，イギリスにおいて社会福祉制度の改革の一環として1968年に出された「シーボーム報告」（Seebohm Report）の影響も無視できない。このなかで，地方自治体の児童，福祉，保健，教育，住宅等の社会関連サービスを対人社会サービスに一括した。その結果，統合論的立場から援助を展開するソーシャルワーカーの養成・配置が行われたのである。

３　子ども家庭福祉とソーシャルワーク

今日，子どもをめぐる諸問題は複雑化，多様化している。たとえば，かつて地域社会において家庭生活が営まれていた時代は，子どもの教育・育児・食生活は家庭内の役割であり，機能でもあった。また，地域社会と家庭の関係は有機的に機能していた。

ところが，現代の複雑化，多様化した社会のなかでは家庭の機能・役割は縮小し，地域社会の基盤・機能が脆弱化したなかで，家庭と地域の関係も希薄化しているのが現状である。

こうしたなかで，子ども福祉におけるソーシャルワークの役割が重要視されている。

児童福祉法第18条の4項で，保育士とは「保育士の名称を用いて，専門的知識及び技術をもつて，児童の保育及び児童の保護者に対する保育に関する指導を行うことを業とする者をいう。」と定義している。また，保育所保育指針第1章総則2，保育所の役割の（4）保育士の専門性にて「保育所における保育士は，児童福祉法第18条の4の規定を踏まえ，保育所の役割及び機能が適切に発揮されるように，倫理観に裏付けられた専門的知識，技術及び判断をもって，子どもを保育するとともに，子どもの保護者に対する保育に関する指導を行うものである。」と規定している。すなわち保育士の業務は「専門的知識」と「専門的技術」を駆使して，子どもの保育並びに保護者に保育に関する指導を行うことを業務とする。

このように保育士の業務の大部分は保育（ケアワーク）であるが，子どもあるいは保護者に問題（たとえば，いじめや登園（所）拒否，保護者の保育に関する問題

等）が生じた場合，子どもと保護者とのコミュニケーションを図るためソーシャルワークを用いるのである。

　従来，子ども家庭福祉（児童家庭福祉）分野のソーシャルワークを児童ソーシャルワークというが，問題を抱えた子どもに対する援助は直接子どもに向かうだけでなく，保護者を含んだ援助になる場合が多く，そのため子どもに対する援助が保護者への援助になる場合が少なくない。そのため，子ども家庭福祉のソーシャルワークはファミリーソーシャルワークとしての視点が必要となる。また，近年，保育の現場において保育所のみならず，地域の在宅子育てに対する相談・援助活動が求められているが，こうしたソーシャルワークを「保育ソーシャルワーク」と位置づけ，子育て支援活動を確かなものとしていくことが重要となっている。保育所保育は保育士が保育ソーシャルワークの専門的知識，技術を習得することによって専門性を高めていくことが必要となる。

　なお，保育ソーシャルワークの対象は，① 保育園児あるいは幼稚園児と保護者に対するソーシャルワーク，② 障がい児に対するソーシャルワーク，③ 保護者に対する個別支援におけるソーシャルワークに分類できる。

４　子どもの人権擁護

　子どもの人権擁護に関する宣言として，第2次世界大戦において多数の児童が犠牲になったことを反省して国際連合総会にて採択された「児童権利宣言」(1959) がある。この宣言は前文と第10条からなっており，「ジュネーブ児童権利宣言」(1924) の児童保護の理念を継承したものとなっている。児童権利宣言の前文では「人類は，児童に対し，最善のものを与える義務を負うものである」とし，子どもすべての権利と自由を有する者であると宣言している。その後，国連は1979年を児童権利宣言20周年とし，記念の意味をもって国際児童年とした。そして，ポーランドのコルチャック (Korczak, J.) 博士の児童の人権運動の影響もあって，「児童の権利に関する条約」(1989) が国連総会で採択された。全文は3部54条より成っており，前文において「基本的人権」「人間の尊厳」「価値に関する信念」の確認があり，すべての人はいかなる差別もなく，すべての権利および自由を享有するものである等が定められている（日本は1994年に批准した）。

　国内における子どもの人権の擁護を定めている法律は，児童福祉法である。
第1条「全て児童は，児童の権利に関する条約の精神にのつとり，適切に養育されること，その生活を保障されること，愛され，保護されること，その心身の健やかな成長及び発達並びにその自立が図られることその他の福祉を等しく保障される権利を有する」
第2項「全て国民は，児童が良好な環境において生まれ，かつ，社会のあらゆ

コルチャック (Korczak, J.)

　ポーランド生まれのユダヤ系ポーランド人で，医師・孤児院院長・児童文学作家である。彼はワルシャワ大学医学部を卒業後，ロシア軍医（当時ポーランドはロシア領であった）として戦地に赴く。33歳の時，ユダヤ人孤児院「孤児たちの家ドム・シュロット」(1911) を設立する。そして，41歳のときにポーランド人孤児院「僕たちの家ナシュ・ドム」(1919) を設立する。彼は第2次世界大戦中，児童の人権確立について書籍・新聞・ラジオ放送等を通じて訴え続けた。彼が掲げた児童の基本的人権の尊重は，「児童の権利に関する条約」の制定に大きな影響を与えた。

る分野において，児童の年齢及び発達の程度に応じて，その意見が尊重され，その最善の利益が優先して考慮され，心身ともに健やかに育成されるよう努めなければならない。

2 児童の保護者は，児童を心身ともに健やかに育成することについて第一義的責任を負う。

3 国及び地方公共団体は，児童の保護者とともに，児童を心身ともに健やかに育成する責任を負う。

と児童の権利と健全なる育成を定めている。

また，「保育所保育指針」第1章総則4，社会的責任（1）子どもの人権の尊重において「保育所は，子どもの人権に十分配慮するとともに，子ども一人一人の人格を尊重して保育を行わなければならない。」と明記しており，具体的説明として「保育士等は，保育という営みが，子どもの人権を守るために，法的・制度的に裏付けられていることを認識し，「憲法」，「児童福祉法」，「児童憲章」，「児童の権利に関する条約」などにおける子どもの人権等について理解することが必要です。」とある。

子どものソーシャルワークにおいて，人権擁護を前提としたものであることが重要であるが，保育士がソーシャルワークを用いるとき必ず遵守しなければならない事項がある。保育所における子どもと保護者支援のソーシャルワークにおいてもっとも遵守しなければならないこととは，① 子どもの最善の利益を考慮した援助であること，② 保護者に対する共感的態度をとること，③ 保育所でできる支援を行うこと，④ 保護者への養育力向上のための援助であること，⑤ プライバシーの保護及び秘密保持を守ること，⑥ 保育所が所在する地域の関係機関との連携・協力を行うこと等である（「保育所保育指針第6章「保護者に対する支援」の1を参照）。以上により保育における子ども並びに保護者支援においてソーシャルワークの基本的視点は人権を擁護することであるといえる。

注
1）リッチモンド，M. E. 著，小松源助訳『ソーシャル・ケースワークとは何か』中央法規，1991 年，p.57

参考文献
厚生労働統計協会編『国民の福祉と介護の動向（2015／2016）』厚生労働統計協会，2015 年
厚生労働省雇用均等・児童家庭局保育課「保育所保育指針」2008 年
成清美治・加納光子編集代表『現代社会福祉用語の基礎知識（第 12 版）』学文社，2015 年

プロムナード

　2016 年 4 月 14 日，国際児童基金（ユニセフ）は調査報告書『子どもたちのための公平性』を発表しました。この調査によると，日本の「子どもの貧困格差」は先進国 41 カ国中 34 位という結果でした。この調査は最貧困層の子どもが標準的な子どもと比べてどの位厳しい状況にあるかを示したものです。貧困格差の小さい国を順に並べると，1 位ノルウェー，2 位アイスランド，3 位フィンランド，4 位デンマーク，5 位チェコとなっています。日本における子どもの貧困格差がいちじるしくなった理由として，日本語版を担当した首都大学東京子ども・若者貧困研究センター長の阿部彩氏は「貧困が広がっているだけでなく深刻度も高い現状が明らかになっています。日本は平等社会だと幻想を抱いていると，さほど深刻に思えないかもしれないが，幻想を早く捨て，貧困と格差に対処する覚悟が必要だ」と話しています（2016 年 4 月 14 日『朝日新聞』）。私たちはこの事実を真摯に受け止める必要があります。

学びを深めるために

中島さおり『パリの女は産んでいる』ポプラ社，2008 年
　第 54 回日本エッセイスト・クラブ賞を受賞した著書で，何故，フランスが出生率を高めることができたのかを詳しく解き明かした書です。将来，保育士・幼稚園教諭を目指す学生に是非一読してもらいたい良書です。

第 2 章

相談援助の概要

1　相談援助の理論

（1）相談援助の体系

　相談援助に関する技術は，その対象や目的，内容によって「直接援助技術」，「間接援助技術」，「関連援助技術」の3つに分けることができる。

1）直接援助技術

　直接援助技術とは，援助を必要とする人もしくは集団に直接働きかけ，問題の解決にあたる援助技術をいう。

ソーシャル・ケースワーク

　ソーシャル・ケースワーク（social case work）は「個別援助技術」と呼ばれる。さまざまな生活問題に直面しているクライエントに対し，個別的かつ直接的に関わる援助技術をいう。主に面接を通し，一人ひとりの心の動きをとらえ，抱える課題の解決と社会資源の活用を検討する。

　ケースワークの源流は，1870年代の慈善組織協会（COS：Charity Organization Society）の友愛訪問であったとされている。「ケースワークの母」と呼ばれるリッチモンド（Richmond, M.）が訪問に際して，訪問員が専門的知識を獲得すること，専門的な訓練を受けることの必要性などを説き，現在のソーシャル・ケースワークの元となったとされている。

　その後，ソーシャル・ケースワークの理論においては「精神分析論の父」と呼ばれる，フロイト（Freud, S.）の影響を受け，心理・精神分析を中心とした「診断主義学派」とその批判的立場としてランク（Rank, O.）の「機能主義学派」との論争などもみられた。これらの両学派の動きを統一しようとした人物にパールマン（Perlman, H. H.）がいる。

　パールマンはケースワークの構成要素として，「4つのP」を提唱した。ひとつめが「人（person）」である。2つめが「問題（problem）」である。3つめが「場所（place）」である。4つめが「過程（process）」である。

　援助を求める「人」が何らかの解決すべき，または解決を望んでいる「問題」を抱え，援助者がいる「場所」へやってくる。そこで，専門的な援助を受けながら問題解決への「過程」を歩んでいくということである。

ソーシャル・グループワーク

　ソーシャル・グループワーク（social group work）は「集団援助技術」と呼ばれる。ソーシャル・ケースワークとは異なり，2人以上の小集団を対象とする。グループ構成員の相互作用「集団力学」（グループ・ダイナミクス）を活用しつつ，各メンバーの成長や課題解決を支援する。

　グループワークの源流はケースワークの源流でもあったCOS（慈善組織協会）活動と同時期（1870年代）に起こったセツルメント運動（settlement house movement）がその発端となっている。教会の関係者や学者，大学生などがス

リッチモンド（Richmond, M.）
　アメリカにおいて，慈善組織協会運動発展に寄与した。ケースワークの科学的実践方法を提示し，理論化・体系化を行った。「ケースワークの母」と称されている。

ラム街などに定住することによって，貧困問題を抱える人びとに語学教育を行ったり，また働きに行く母親のために現在の保育所や学童保育のような役割をも果たしていた。ロンドンの「トインビーホール（Toynbee Hall）」やアメリカの「ハルハウス（Hull House）」などがセツルメントハウスとして有名である。また，グループワークは青少年の健全育成や社会教育として，レクリエーション活動などを通じてその役割を果たすこともあった。ウィリアムズ（Williams, G.）によるYMCA（Young Men's Christian Association）の活動などが該当する。

　グループワークの原則として，コノプカ（Konopka, G.）が提案したソーシャル・グループワーク14原則がある。ここではそのうち7つについて取り上げる。

　まずひとつめに，援助を必要とする個人は集団のなかにあっても，一人ひとりは異なるものとして個々をしっかりととらえる。また，集団に対してもそれぞれのグループの個別性を認めつつ対応する（個別化の原則）。メンバー間で互いを受容できるように，まずはクライエントの自己受容を促すよう援助者は援助する（受容の原則）。メンバーは個々に尊重されながら，相互交流を図るため積極的にグループに参加できるよう援助者は支援する（参加の原則）。援助者はメンバーがそれぞれ交流し，新たな経験をもてるように援助する（体験の原則）。グループ内の他のメンバーや自分自身を傷つけるような行動や発言などにより，マイナスの相互交流が起きないよう援助者はルールを設けたり，そのような言動を制限したりする（制限の原則）。援助者はグループ全体やメンバーの変化に対し，継続的な評価を実施しながら，目標達成度やニーズの変化などに対応できるようにする（継続評価の原則）。メンバーの相互交流のなかで表出してきた葛藤を抑制することなく，お互いに受容し葛藤を解決する経験ができるよう，援助者は支援する（葛藤解決の原則）。

2）間接援助技術

　間接援助技術とは，援助を必要とする人びとに直接働きかける直接援助技術とは違い，間接的に対象に働きかけることによって，問題解決にあたろうとする技術である。

コミュニティワーク

　コミュニティワーク（community work）は「地域援助技術」と呼ばれる。地域で起きるさまざまな問題について，地域住民の参加・協力を得て解決するための援助方法である。

ソーシャルワーク・リサーチ

　ソーシャルワーク・リサーチ（social work research）は「社会福祉調査法」と呼ばれる。クライエントの抱える問題解決や援助の質的向上を目指して実施される。調査法には質問紙調査等による「量的調査」とインタビューに代表される「質的調査」などがある。

コノプカ (Konopka, G.)
　ドイツ生まれで社会的諸目標モデルの代表者とされている。ソーシャル・グループワークの定義やグループワークの14の原則が有名である。

量的調査
　統計や数理的分析などの定量的方法を用いて行う，アンケート調査に代表されるような調査のこと。普遍化できるなどの長所があるが，現実の表層的な把握だけにとどまってしまうなどの短所もあるとされる。

質的調査
　参与観察法や面接法に代表される調査方法。長所は調査のデザインが柔軟にできる事などであるが，短所として，調べられる事例の数が限られる，普遍性や客観性を主張するのに問題があることなどがあげられる。

ソーシャル・プランニング

ソーシャル・プランニング（social planning）は「社会福祉計画法」と呼ばれる。ソーシャルワーク・リサーチなどによってニーズを把握し，その解決のための福祉施策や課題解決のための計画を立案する。

ソーシャル・アドミニストレーション

ソーシャル・アドミニストレーション（social administration）は「社会福祉運営管理法」と呼ばれる。国や地方自治体といった行政機関や福祉サービスを提供する各事業体が福祉サービスの質の向上を図るための援助技術である。

ソーシャル・アクション

ソーシャル・アクション（social action）は「社会活動法」と呼ばれる。

福祉に関する社会資源や施策の不十分さを訴え，行政などに組織的に働きかけ，改善を目指す技術である。地域住民や専門家，当事者などその要求内容に応じてさまざまな組織体が活動する。

3）関連援助技術

関連援助技術とは，直接援助技術や間接援助技術など個々の技術効果を高めるために連携させたり，援助効果を向上させたり，援助者の援助スキルを向上させるための技術をいう。

ケアマネジメント

ケアマネジメント（care management）はケースマネジメントと呼ばれることもある。クライエントの抱える問題やニーズを把握し，その内容に応じた社会資源などを結びつける取り組みのことをいう。

ネットワーク

ネットワーク（network）とは問題を抱えたクライエントに対し，フォーマル・インフォーマルを問わずさまざまな社会資源を活用できるよう，専門職やクライエントにつながりのある近隣の人びとや家族と連携をとることをいう。

カウンセリング（counseling）

とくにソーシャル・ケースワークといった「直接援助技術」に関わって，面談が必要となっている。ソーシャル・ケースワークの発展過程における，精神分析とのつながりや「カウンセリング・マインド」をもつことの重要性が示しているように，カウンセリングに関わる基本的な知識や技法（心理的支援）をもつことが求められている。

スーパービジョン（supervision）

対人援助職における教育機能や支持的機能，評価的機能などをもつとされている。スーパービジョンを行う人（supervisor）とスーパービジョンを受ける人（supervisee）とに分かれる。スーパービジョンを受ける人は経験が浅い場合に，経験のあるスーパーバイザーから教育・訓練を受けたり，または実際の援助場面で面談の終了後，上司やスーパーバイザーから援助技術についての評価を受

クライエント

ソーシャルワークにおけるクライエントとは，サービスを利用する個人，集団，地域などのことをさす。かつては対象者とも表現されたが，そこには援助を提供する側の主導的なニュアンスが込められており，近年では援助を受ける側の主体性を重視する観点から，福祉サービスの利用者，あるいは消費者という用語が用いられることが多い。クライエントと称されるのは，単になんらかの問題状況にいるだけでなく，援助機関とサービス提供の契約を交わした段階からであり，援助の申請段階ではアプリカント（applicant）とよばれる。

けたりする。このように援助技術の質を向上させる取り組みである。

コンサルテーション（consultation）

　医療や，心理など他領域の専門家から助言を受けることをいう。相談援助において他職種，他機関との連携の重要性は高まっており，コンサルテーションについて意識しながら，援助を行っていく必要がある。

（2）相談援助活動の価値と倫理

　相談援助活動には，専門的知識と技術が必要とされる。専門的知識や技術を用い，他者の悩みに耳を傾け，さまざまな方法で生活問題を解決するため環境との調整を行う。また，場合によっては問題解決のための具体的な提案をクライエントに対して行っていく。相談援助活動はクライエントに対し，大きな影響を及ぼすため，専門的知識や技術とともに，相談援助活動の価値と倫理に対する深い理解が必要である。一般的には「価値」（value）とは関わる人びとがよいと認めている普遍的な性質であるとされている。また，「倫理」（ethic）とは道徳の規範となる原理とされている。

　相談援助活動に関わるソーシャルワーカーの団体は，倫理綱領などを定めている。たとえば，特定非営利活動法人　日本ソーシャルワーカー協会（2005）では以下のように倫理綱領を定めている。

　そこでは「価値と原則」という項目をあげ，相談援助活動の価値について述べている。日本ソーシャルワーカー協会で掲げられている「価値」は，① 人間の尊厳，② 社会正義，③ 貢献，④ 誠実，⑤ 専門的力量の5項目である。

　概観するとソーシャルワーカーがもつ価値は，すべての人間をかけがえのない存在として尊重し，差別や貧困などのない社会正義の実現を目指し，貢献することであるとしている。またこの倫理綱領に誠実でありながら，日頃から専門性を高めつつ，その力量を発揮することがその価値であり，目指すべき方向であるとされている。

　また，「倫理」に関する基準についても，同倫理綱領のなかで述べられている。大きく分けて，利用者に対する倫理責任，実践現場における倫理責任，社会に対する倫理責任，専門職としての倫理責任など4領域に渡って掲げられており，それぞれの領域においてより細かく，具体的な行動や規範について記述されている。

倫理基準
Ⅰ．利用者に対する倫理責任
　1．（利用者との関係）
　　ソーシャルワーカーは，利用者との専門的援助関係を最も大切にし，それを自己の利益のために利用しない。
　2．（利用者の利益の最優先）

ソーシャルワーカーは，業務の遂行に際して，利用者の利益を最優先に考える。

3.（受　容）

ソーシャルワーカーは，自らの先入観や偏見を排し，利用者をあるがままに受容する。

4.（説明責任）

ソーシャルワーカーは，利用者に必要な情報を適切な方法・わかりやすい表現を用いて提供し，利用者の意思を確認する。

5.（利用者の自己決定の尊重）

ソーシャルワーカーは，利用者の自己決定を尊重し，利用者がその権利を十分に理解し，活用していけるように援助する。

6.（利用者の意思決定能力への対応）

ソーシャルワーカーは，意思決定能力の不十分な利用者に対して，常に最善の方法を用いて利益と権利を擁護する。

7.（プライバシーの尊重）

ソーシャルワーカーは，利用者のプライバシーを最大限に尊重し，関係者から情報を得る場合，その利用者から同意を得る。

8.（秘密の保持）

ソーシャルワーカーは，利用者や関係者から情報を得る場合，業務上必要な範囲にとどめ，その秘密を保持する。 秘密の保持は，業務を退いた後も同様とする。

9.（記録の開示）

ソーシャルワーカーは，利用者から記録の開示の要求があった場合，本人に記録を開示する。

10.（情報の共有）

ソーシャルワーカーは，利用者の援助のために利用者に関する情報を関係機関・関係職員と共有する場合，その秘密を保持するよう最善の方策を用いる。

11.（性的差別，虐待の禁止）

ソーシャルワーカーは，利用者に対して，性別，性的指向等の違いから派生する差別やセクシュアル・ハラスメント，虐待をしない。

12.（権利侵害の防止）

ソーシャルワーカーは，利用者を擁護し，あらゆる権利侵害の発生を防止する。

Ⅱ．実践現場における倫理責任

1.（最良の実践を行う責務）

ソーシャルワーカーは，実践現場において，最良の業務を遂行するために，自らの専門的知識・技術を惜しみなく発揮する。

2.（他の専門職等との連携・協働）

ソーシャルワーカーは，相互の専門性を尊重し，他の専門職等と連携・協働する。

3.（実践現場と綱領の遵守）

ソーシャルワーカーは，実践現場との間で倫理上のジレンマが生じるような場合，実践現場が本綱領の原則を尊重し，その基本精神を遵守するよう働きかける。

4.（業務改善の推進）

ソーシャルワーカーは，常に業務を点検し評価を行い，業務改善を推進する。

Ⅲ. 社会に対する倫理責任

1. （ソーシャル・インクルージョン）

ソーシャルワーカーは，人びとをあらゆる差別，貧困，抑圧，排除，暴力，環境破壊などから守り，包含的な社会を目指すよう努める。

2. （社会への働きかけ）

ソーシャルワーカーは，社会に見られる不正義の改善と利用者の問題解決のため，利用者や他の専門職等と連帯し，効果的な方法により社会に働きかける。

3. （国際社会への働きかけ）

ソーシャルワーカーは，人権と社会正義に関する国際的問題を解決するため，全世界のソーシャルワーカーと連帯し，国際社会に働きかける。

Ⅳ. 専門職としての倫理責任

1. （専門職の啓発）

ソーシャルワーカーは，利用者・他の専門職・市民に専門職としての実践を伝え社会的信用を高める。

2. （信用失墜行為の禁止）

ソーシャルワーカーは，その立場を利用した信用失墜行為を行わない。

3. （社会的信用の保持）

ソーシャルワーカーは，他のソーシャルワーカーが専門職業の社会的信用を損なうような場合，本人にその事実を知らせ，必要な対応を促す。

4. （専門職の擁護）

ソーシャルワーカーは，不当な批判を受けることがあれば，専門職として連帯し，その立場を擁護する。

5. （専門性の向上）

ソーシャルワーカーは，最良の実践を行うために，スーパービジョン，教育・研修に参加し，援助方法の改善と専門性の向上を図る。

6. （教育・訓練・管理における責務）

ソーシャルワーカーは教育・訓練・管理に携わる場合，相手の人権を尊重し，専門職としてのよりよい成長を促す。

7. （調査・研究）

ソーシャルワーカーは，すべての調査・研究過程で利用者の人権を尊重し，倫理性を確保する。

（日本ソーシャルワーカー協会「ソーシャルワーカーの倫理綱領」より抜粋）

2 相談援助の意義

（1）相談援助の必要性

従来，入所・通所をしている子どものケアがその業務の中心であった保育の現場において，保護者支援が保育士の重要な業務として取り上げられるようになって久しい。

ひとり親家庭の増加や離婚・再婚家庭の増加，またそれにともなうステップファミリー（Step family）の増加など，さまざまな家族のあり方が多くみられるようになってきた。

2011年度の全国母子世帯等調査によると，母子世帯が123.8万世帯，父子世

ステップファミリー

再婚する際に，夫婦のどちらかが前配偶者との間に産まれた子どもを連れて作られた家族をステップファミリーとよぶ。子どもの年齢や前配偶者と離別したのか，死別したのか等によって，その構成や抱える問題はさまざまである。

帯が 22.3 万世帯となっている。人口動態統計によると，2014 年度の婚姻件数は 643,749 組となっており，戦後最少となった。一方離婚件数は 222,107 組となっている。婚姻件数の組み合わせでみると，夫妻とも再婚またはどちらか一方が再婚である件数は 169,977 組であると報告されている。つまり，年間に婚姻をしたカップルの内約 4 分の 1 は再婚であると考えられる。また，ひとり親世帯になった理由の約 8 割が離婚であることを考えると，前配偶者との子どもを連れて再婚するケースも増えてきていると考えられる。

さらに核家族の増加にともない，とくに都市部において子育て家庭の孤立化が問題となっている。

このように，さまざまな困難を抱える家族を支援することは，児童虐待や子どもの貧困問題に対するひとつの方策になるといえる。

児童虐待については，厚生労働省によると，2014 年度に「児童虐待相談対応件数」として，88,931 件という数字があげられている。これは 1999 年度に比べ，7.6 倍に増加したという分析がされている。

さまざまな家族に対応し，支援を行うことは子どもたちの生きる権利を守ることである。憲法第 25 条に定める「すべて国民は，健康で文化的な最低限度の生活を営む権利を有する。」といういわゆる「生存権」の保障につながることを意識しなければならない。また，児童の権利に関する条約や保育所保育指針などに掲げられている「子どもの最善の利益」を保障するための支援であるといってもよい。

保育分野において，さまざまな困難を抱える家庭や自身の権利を主張しにくい子どもたちの権利擁護として，相談援助が果たす役割は大きい。

(2) 相談援助の専門性

生活上の困難をもつ人びとやその家族の相談を受け，問題解決にあたっていくために，相談援助の専門性が必要とされる。子どもと関わる生活場面のなかで，保護者の子育て上の悩みや不安の解消に役立てるよう，専門的な知識と技術をもって，また専門職としての倫理に従いながら保護者の相談に乗ることが必要となる。

その際，クライエントを支援する視点としてミクロ・レベル（個人や小集団），メゾ・レベル（地域社会や施設など），マクロ・レベル（国家など）それぞれの環境レベルがあることを理解し，そのつながりについても意識しながら支援を行うことが必要となる。このつながりを意識することを「ジェネラリスト・アプローチ（generalist approach）」（総合的かつ包括的な実践）という。このように，日常生活の延長上にある「相談」ではなく，各種援助技術や幅広い視点をもつことが相談援助の専門性のひとつだといえる。また，その相談において「カウンセリングマインド」をもつことも大切だとされている。

ジェネラリスト・アプローチ

ソーシャルワークを統合して実践するひとつの方法。総合的な知識と技能を有したジェネラリストによって行われる援助である。多様な介入方法を用い，幅広い問題を対象に総合的な援助を目指す。

　前節で述べたソーシャル・ケースワークやソーシャル・グループワークを代表とする直接援助技術や，ソーシャル・コミュニティワークを中心とした間接援助技術など，専門性に基づいた相談活動を行うことが必要となってくる。また，「バイステックの7原則」についても理解を深めておく必要がある（第3章にて詳述する）。「バイステックの7原則」は，① 個別化の原則，② 意図的な感情表出の原則，③ 統制された情緒関与の原則，④ 受容の原則，⑤ 非審判的態度の原則，⑥ 自己決定の原則，⑦ 秘密保持の原則となっており，相談援助に関わる者にとって守らなければならない原則とされている。

　相談援助は単なる友人間などでの「相談」ではない。そのために，クライエントに対する計画的なアプローチが必要となる。それがソーシャルワークの展開過程と呼ばれるものである（第4章3. において詳述する）。

　ケースワークやグループワーク，どのような相談援助の技術を用いた支援を行っても，いつかはクライエントとの関係は終了する。このことを念頭に置きながら，クライエントと向き合っていくことも相談援助の専門性のひとつであるといえる。

3　相談援助の果たす機能と役割

（1）相談援助の機能

　日本社会福祉実践理論学会ソーシャルワーク研究会（1997）では，ソーシャルワーカーの機能として，① 仲介機能，② 調停機能，③ 代弁機能，④ 連携機能，⑤ 処遇機能，⑥ 治療機能，⑦ 教育機能，⑧ 保護機能，⑨ 組織機能という9つの機能をあげている。

　ここでは代表的な機能としていくつかの機能を取り上げる。相談援助の機能には，クライエントと環境とを調整し，結びつけていく「仲介機能」がある。ここには保育現場において，子育てに悩む人同士をつなげるなど人と人をつなげていくことや，子育てに困難を抱える人と行政をつなげるなど人と社会資源を結びつけていくことが含まれている。

　また，具体的な子育ての方法がわからない保護者に対して，具体的な知識や技術を与えるだけでなく，自身で学習し実践する力を身につけさせる必要がある。バイステックの7原則にあるように，相談援助においては「自己決定」の原則が重要となってくる。そのため，自らの力を用いて問題解決にあたることができるようにクライエント自身のもつ力を引き出す「エンパワメント（empowerment）機能」がある。

　前述の仲介機能により子育てに悩む人同士を結びつけている間に，たとえば新たな子育てひろばの立ちあげにつながったり，子育て環境の改善を行政に提案したりする必要が生じたりする。このように援助者がクライエントとともに

> **エンパワメント**
> 　ソーシャルワークの主体者としてクライエント自身を位置づけ，クライエントの強さ・生き抜く力を重視する。クライエントとクライエントを取り巻く環境のもつ潜在的強さ・能力を引き出し，増強させていく。

問題解決にあたる過程のなかで，新たな社会資源や制度などを生み出していく「創出機能」もある。

（2）相談援助の役割

　相談援助の役割として，社会に生きる人びとが抱える問題の発見がある。専門職として，それぞれの働く領域において関わる人びとが何らかの生活問題を抱えていることを発見することが必要となる。これには日常の援助活動のなかから，そのニーズに気づくことや，またクライエントからの働きかけなどによって発見されるなどの方法がある。まずは，目の前にいるクライエントの不安を取り除き，継続的な支援ができるように信頼関係（ラポール：rapport）を構築することが必要となる。

```
ラポール
→ P.141 参照
```

　問題の発見や相談の開始から始まる援助過程を経て，問題解決にあたるなかで他職種との連携やクライエントのニーズに応じて，他機関の紹介をするなどクライエントの自己決定や意見を第一に尊重しながら，問題解決にあたっていく。また，クライエントの権利が侵害されているような場合や子どもであることや何らかの疾病，障がいがあるなど自身の意見を表明することがむずかしい場合，そのクライエントに代わり，権利を擁護することも大切になる。

　相談援助活動を通じて，社会構造の問題や施策の問題，社会資源の不足などに対して社会変革を求める活動や新たな社会資源の創出に取り組むこともまた相談援助に期待される役割であるといえる。

4　相談援助とソーシャルワーク

（1）相談援助とは

　「相談」という言葉の意味は『広辞苑　第六版』では「お互いに意見を出して話し合うこと。談合。また，他人に意見を求めること。」となっている。「援助」という言葉の意味は「たすけること。助勢。」となっている。

　つまり，言葉の意味だけをつなげると相談援助は「お互いに意見を出して話し合い，また他人に意見を求めることで人を助けること。」ということになる。

　日本では社会福祉主事という福祉の仕事に携わるものとしての任用資格がある。その後，少子高齢化など人びとを取り巻く環境の変化が大きくなり，福祉専門職の必要性が高まってきた。このような動きを受けて 1987 年に「社会福祉士及び介護福祉士法」が制定され，日本における福祉専門職の国家資格制度化がなされた。社会福祉の実現のため，また社会福祉専門職が身につけるべき技術としてソーシャルワーク（social work）「社会福祉援助技術」があった。

　2008 年には法令の改正が行われ社会福祉士養成カリキュラムにおいて，「社会福祉援助技術」は「総合的かつ包括的な相談援助の理念と方法に関する知識

と技術」領域となり，実習・演習についても「相談援助演習」「相談援助実習」と変更された。

　このように「相談援助」はソーシャルワークに端を発した，社会福祉実現のための取り組みであり，個人や集団，地域，国家などを対象とし，その対象に応じた専門的な技術を用いて，社会福祉を実現するための取り組みであるといえる。

（2）ソーシャルワークとは

　ソーシャルワークとは社会福祉実現のための実践活動をいう。人びとを取り巻く環境は変化をし続けており，不幸にして困難や問題に遭遇することがある。たいていの問題は自身で解決したり，身近な家族などの支援を受けて解決したりすることができる。また，自身で解決できなかったり，家族で解決ができなかったりすれば，さらに親戚や友人といった，家族以外の人びとの助けを借りることもあると思われる。しかしそれも困難な場合や，身近な人に相談や支援を頼めない場合，また，専門的な知識や技術がないと問題解決ができない場合などがある。このような場合に対応するために，社会にはさまざまな社会福祉サービスが用意されている。しかし，そのサービスが必要な人に届かないとその力を発揮することはできない。そのために，問題を抱える人のニーズを把握し，必要に応じて社会の資源を活用できるように援助するのがソーシャルワークである。

　社会制度や福祉サービスとクライエントをつなげる取り組みであるので，そのためにはさまざまな専門職との連携や職場との連携が必要になってくる。また，どのような福祉サービスがあるのか，どのような場合に利用できるのかなどその内容についても熟知しておく必要がある。

5　保育とソーシャルワーク

（1）保育におけるソーシャルワークの専門性

　本章では保育におけるソーシャルワークの専門性について，保育所保育指針・幼稚園教育要領・幼保連携型認定こども園教育・保育要領における「保護者支援」についてみていくこととする。

> **保育所保育指針**
> 「第6章　保護者に対する支援」
> 　　　　　（略）
> （4）一人一人の保護者の状況を踏まえ，子どもと保護者の安定した関係に配慮して，保護者の養育力の向上に資するよう，適切に支援すること。
> （5）子育て等に関する相談や助言に当たっては，保護者の気持ちを受け止め，相互の信頼関係を基本に，保護者一人一人の自己決定を尊重すること。

> **幼保連携型認定こども園**
> 　従来の幼稚園的機能と保育所的機能をあわせもつ施設。地域において，就学前の子どもたちの教育・保育・子育て支援などの機能をもつ。改定認定こども園法の施行により2015年より設置されている。

（略）

幼稚園教育要領

「第3章　指導計画及び教育課程に係る教育時間の終了後等に行う教育活動などの留意事項」

第2　1（3）家庭との緊密な連携を図るようにすること。その際，情報交換の機会を設けたりするなど，保護者が，幼稚園と共に幼児を育てるという意識が高まるようにすること。

2　幼稚園の運営に当たっては，子育ての支援のために保護者や地域の人々に機能や施設を開放して，園内体制の整備や関係機関との連携及び協力に配慮しつつ，幼児期の教育に関する相談に応じたり，情報を提供したり，幼児と保護者との登園を受け入れたり，保護者同士の交流の機会を提供したりするなど，地域における幼児期の教育のセンターとしての役割を果たすよう努めること。

幼保連携型認定こども園教育・保育要領

第1章　第3　6

保護者に対する子育ての支援に当たっては，この章の第1に示す幼保連携型認定こども園における教育及び保育の基本及び目標を踏まえ，子どもに対する学校としての教育及び児童福祉施設としての保育並びに保護者に対する子育ての支援について相互に有機的な連携が図られるよう，保護者及び地域の子育てを自ら実践する力を高める観点に立って，次の事項に留意するものとする。

これらのように，保育（幼児教育）の現場において，保護者支援を行うことが保育者の業務として明記されている。

また，保育所保育指針解説書には保護者に対する保育に関する指導を行うこと「保育指導」が保育士の業務としてあげられている。その「保育指導」について次のように説明されている。

保育所保育指針解説書

「第6章　保護者に対する支援」

【保護者支援の原則】

　児童福祉法第18条の4は，「この法律で，保育士とは，第18条の18第1項の登録を受け，保育士の名称を用いて，専門的知識及び技術を持って，児童の保育及び児童の保護者に対する保育に関する指導を行うことを業とする者をいう。」と定めています。

　保育士の重要な専門性の一つは保育であり，二つは児童の保護者に対する保育に関する指導（以下「保育指導」という。）です。以下に度々触れるように，保育士等の保護者に対する支援は，何よりもこの保育という業務と一体的に深く関連していることを常に考慮しておく必要があります。

さらに保育におけるソーシャルワークの専門性を考える際に，子育て支援施策との関連を理解しておく必要がある。

日本における「子育て支援」は1994年に出された「今後の子育て支援のための施策の基本的方向について」（平成6年12月，文部・厚生・労働・建設4大臣合意），いわゆる「エンゼルプラン」がそのスタートであると考えられている。日本において，少子高齢化が進行し，その少子化対策の方策として「子育て支

少子化

　出生数の減少やそれにともなう出生率の低下により子どもが減り続ける状況を指す。1989年の合計特殊出生率が1.57となった（1.57ショック）あたりより，一般的に注目されるようになった。原因として，晩婚化・晩産化・非婚化などがあげられている。

援」があげられており，子育てと仕事の両立支援の推進やゆとりある教育の実現と健全育成の推進等を掲げた内容となっていた。

　1999年には「新エンゼルプラン」が発表された。「新エンゼルプラン」においては，保育サービス等子育て支援サービスの充実や，地域で子どもを育てる教育環境の整備，住まいづくりやまちづくりによる子育ての支援などがその内容であった。その後2003年の「次世代育成支援対策推進法」，2004年の「少子化社会対策大綱」および「少子化社会対策大綱に基づく重点施策の具体的実施計画について（子ども・子育て応援プラン）」へ日本の少子化対策施策は引き継がれた。

　2004年の「子ども・子育て応援プラン」においては少子化社会対策大綱における，① 若者の自立とたくましい子どもの育ち，② 仕事と家庭の両立支援と働き方の見直し，③ 生命の大切さ，家庭の役割等についての理解，そして，④ 子育ての新たな支え合いと連帯という4つの重点課題に取り組むための具体的行動を示していた。

　このように少子化対策としての子育て支援の重要性が取り上げられるなかで，2008年に保育所保育指針，幼稚園教育要領の改訂があり，2014年には幼保連携型認定こども園教育・保育要領の告示があった。

　保育者は子どもの保育にあたりながら，子どもたちの最善の利益を守るために，保護者の相談や必要に応じて関係機関と連携をとることが求められている。また，日常的に子どもや保護者と関わることができる保育者であるからこそ，発達をベースとした子どもの変化や，保護者であるクライエントの変化により気づくことができる。また，子どもたちとは遊びを提供することや保護者とは日常的な会話や行事をともに行うことから信頼関係を作りやすいのではないかと考えられる。

　このような点からも，少子化対策としての「子育て支援」を国が打ち出すなかで，その現場にいる保育者には各種援助技術を用いたソーシャルワークの専門性が求められている。

（2）保育に求められるソーシャルワークの視点

　これまで述べてきたように，子どもを取り巻く環境は離婚によるひとり親家庭の増加や再婚にともなうステップファミリーの増加，また児童虐待の増加などがあげられており，子どもを取り巻く環境はさまざまであり，また厳しい状況にあると考えられる。

　さらに近年「子どもの貧困」が顕在化しており，厚生労働省の調査（2013）によると子どもの相対的貧困率は16.3％であると報告されている。文部科学省においても，家庭の経済状況において子どもの進路の影響があるなどとし，貧困の再生産について危惧をしている。

> **次世代育成支援対策推進法**
>
> 　急速な少子化の進行等を踏まえ，次代の社会を担う子どもが健やかに生まれ，かつ，育成される環境の整備を社会全体で進めるため，2003年に制定された法律である。次世代育成支援対策について，基本理念を定め，国，地方公共団体，事業主および国民の責務をあきらかにした。

保育所保育指針解説書（第6章1.（3））には「保育所は，地域において最も身近な児童福祉施設であり，乳児から就学前までの様々な育ちを理解し支える保育を実践している場でもあります。子どもを深く理解する視点を伝えられたり，その実践を見たりすることも，保護者にとっては大きな支援になります」と記述されている。

保育所，幼稚園，認定こども園は，通園している，また，その地域に住む子どもたち，保護者たちにとって身近な存在である。それだけにさまざまな問題を抱えた子どもや保護者たちへの対応も求められる。

これまでにあげてきたようなひとり親家庭への支援や子どもの貧困に対する理解，また配偶者からの暴力（DV）や発達障がい，さらには精神疾患に端を発する問題などさまざまなニーズを抱えたクライエントを対象とすることも，地域にある保育所等ならではだと思われる。

そのため，保育の現場においてもソーシャルワークの視点として，目の前にいる子どもたちの発達や障がいといったミクロ的な視点，さらには貧困を生み出す社会的な構造や経済状況といったマクロ的な視点をももつことが必要となってくる。これらの視点をもって，クライエントを「総合的」にとらえ，子どもの最善の利益を守るために専門的な技術と知識をフルに活用して，向き合うことが求められている。

> **DV**
>
> 「ドメスティック・バイオレンス（Domestic Violence）」親密な関係にある男性から女性への暴力をいう。婚姻，内縁，恋人関係などを含む。2001年に「配偶者からの暴力防止及び被害者の保護に関する法律」（DV防止法）が制定された。

参考文献

厚生労働省『保育所保育指針解説書』厚生労働省，2008年

小林育子・小舘静枝・日高洋子『保育者のための相談援助』萌文書林，2011年

空閑浩人編著『新・基礎からの社会福祉2　ソーシャルワーク』ミネルヴァ書房，2015年

ジョンソン，ルイーズ C.，ステファン J. ヤンカ著，山辺朗子ほか訳『ジェネラリスト・ソーシャルワーク』ミネルヴァ書房，2004年（Johnson, Louise C., Stephen, J. Yanca, *SOCIAL WORK PRACTICE: A GENERALIST APPROACH*, Allyn & Bacon, 1983.）

内閣府・文部科学省・厚生労働省『幼保連携型認定こども園教育・保育要領，幼稚園教育要領，保育所保育指針』チャイルド本社，2014年

日本保育ソーシャルワーク学会編『保育ソーシャルワークの世界—理論と実践』晃洋書房，2014年

プロムナード

保護者支援と学び続けること

　現在，保育者の役割として保護者支援や地域の子育て支援の重要性がいわれるようになっています。保護者支援の必要性について保育所保育指針や幼稚園教育要領などに明確に保育者の役割として示されていることは，皆さんご存じの通りだと思います。

　しかしその一方で，保護者支援について学校にいる間に実践的な教育を受けることは困難をともないます。保育実習や教育実習において，保護者支援について実習生が任せられたり，一定の責任をもってその仕事にあたったりすることはほぼありません。学校によっては，校内で子育て支援事業を実施しており，学生もその一端を担うことはあるかと思いますが，責任をもって保護者支援に当たることはほぼないと思います。

　よく，保護者支援に関しては，現場に出てから悩んだり，現実の問題として感じたりすることが多いといわれています。

　では，本当に現場に出てからでないと，保護者支援に関する経験を積むことはできないのでしょうか。

　そこで，本教科目「相談支援」で学習する中身をしっかりと身につけてほしいと思います。単に「経験がないとむずかしい」ということではなく，ケースワークをはじめとしたさまざまな援助技術について学習し，日常生活で実践してみることを心がけてみるとよいのではないかと思います。保護者支援はコミュニケーションが基本です。そのコミュニケーションにもさまざまなとり方や考え方があることを理論的に理解したうえで，日常から友人や家族とのコミュニケーションをとる際に意識的にその技術を使ってみることが大切だと思います。

　ぜひ「学び続ける保育者」の入口として，日常生活からの学びを深めてみてください。

学びを深めるために

文部科学省編「幼稚園教育要領」2008 年，厚生労働省編「保育所保育指針」2008年，内閣府・文部科学省・厚生労働省編「幼保連携型認定こども園教育・保育要領」2014 年

　本章でも保護者支援の部分について取り上げましたが，現場において保育者の行動指針となるものです。保育内容や内容総論で学習をしているかと思いますが，再度保護者支援，地域支援に関する部分について目を通しておくとよいでしょう。

ミネルヴァ書房編集部編『社会福祉小六法 2016』2016 年，ミネルヴァ書房

　ジェネラル・アプローチやクライエントのニーズに合わせた援助を行うために，社会福祉に関わるどのような法律があるのかをしっかりと把握しておくことが必要です。そのためにも，児童福祉に関わる法律のみならず，社会福祉全般の法律に意識して触れておくことを心がけてほしいと思います。

第 **3** 章

バイステックの7原則

1　信頼関係の形成

ソーシャルワーカー

ソーシャルワークを行う専門職をソーシャルワーカーといい，社会福祉専門職の総称でもある。ソーシャルワーカーは利用者の主体性を尊重した問題解決のための支援を行うが，多岐にわたる領域で活動しており，職種としても多様であって，職場，職種によっては別の呼称で位置づけられていることもある。ソーシャルワーカーには知識，技術，倫理などの面で高い専門性を有していることが求められており，わが国では社会福祉士および介護福祉士法の成立により，ソーシャルワーカーの資格化が実現したが，いまだ名称独占にとどまるなど課題は多い。

バイステック (Biestek, F. P.)

ケースワーク（casework）に関する研究者の1人。ワーカー（worker）とクライエント（client）関係における目的あるいは相互作用における態度・力動的な性質に関心を寄せ，ケースワーク関係が普通の人間関係とは異なる専門的な対人関係であることを主張した。

ソーシャルワーカーによって行われるソーシャルワークは，何らかの生活問題を抱えているクライエントのニーズに焦点を当てながら，問題解決に向けて意図的な働きかけを行うものである。このような意図的な働きかけをするためには，ソーシャルワーカーとクライエントの意図的な人間関係，つまり信頼関係を形成することが必要である。しかしソーシャルワーカーとクライエントに信頼関係は最初から存在しているわけではないため，ソーシャルワーカーにはクライエントとの信頼関係を形成していこうとする努力が絶えず求められる。

クライエントは一人ひとりが独自な存在であり，考え方や性格もそれぞれ異なっているため信頼関係の形成方法も本来は異なっている。しかしバイステック（Biestek, F. P.）は，その信頼関係を形成するためにソーシャルワーカーがとるべき共通する基本的態度について述べている。それが1954（昭和29）年にアメリカのバイステックが提唱した7つの原則であり，もっとも知られているソーシャルワークにおいて必要とされる原則である。

バイステックはクライエントの欲求と，それをめぐるソーシャルワーカーとクライエントの相互作用からこの7つの原則を導き出している。次に示す表3－1は，援助関係における相互作用を分類，整理したものである。

表3－1　援助関係における相互作用

第1の方向：クライエントのニード	第2の方向：ケースワーカーの反応	第3の方向：クライエントの気づき	各原則の名称
一人の個人として迎えられたい			1　クライエントを個人として捉える（個別化）
感情を表現し解放したい			2　クライエントの感情表現を大切にする（意図的な感情の表出）
共感的な反応を得たい	ケースワーカーはクライエントのニーズを感知し，理解してそれらに適切に反応する	クライエントはケースワーカーの感受性を理解し，ワーカーの反応に少しずつ気づきはじめる	3　援助者は自分の感情を自覚して吟味する（統制された情緒的関与）
価値ある人間として受けとめられたい			4　受けとめる（受容）
一方的に非難されたくない			5　クライエントを一方的に非難しない（非審判的態度）
問題解決を自分で選択し，決定したい			6　クライエントの自己決定を促して尊重する（クライエントの自己決定）
自分の秘密をきちんと守りたい			7　秘密を保持して信頼関係を醸成する（秘密保持）

出所）バイステック，F. P. 著，田代不二男・村越芳男訳『ケースワークの原則』誠信書房，1965年，p.39 より

2　バイステックの7原則

バイステックの7つの原則は，「ケースワークの原則」に述べられており，それぞれの原則は次に述べるとおりである。

（1）個別化の原則

個別化とは，「クライエントを個人として捉えることは，1人1人のクライエントがそれぞれに異なる独特な性質をもっていると認め，それを理解することである。また，クライエント1人1人がより良く適応できるよう援助する際に，援助の原則と方法とを区別して適切に使いわけることである。このような考え方は，人は1人の個人として認められるべきであり，クライエントは『不特定多数のなかの1人』としてではなく，独自性をもつ『特定の1人の人間』として対応されるべきであるという人間の権利にもとづいた援助原則である」[1]と述べられている。

（2）意図的な感情表出の原則

意図的な感情表出とは，「クライエントの感情表現を大切にするとは，クライエントが彼の感情を，とりわけ否定的感情を自由に表現したいというニーズをもっていると，きちんと認識することである。ケースワーカーは，彼らの感情表現を妨げたり，非難するのではなく。彼らの感情表現に援助という目的をもって耳を傾ける必要がある。そして，援助を進める上で有効であると判断するときには，彼らの感情表出を積極的に刺激したり，表現を励ますことが必要である」[2]と述べられている。

（3）統制された情緒的関与の原則

統制された情緒的関与とは，「ケースワーカーが自分の感情を自覚して吟味するとは，まずはクライエントの感情に対する感受性をもち，クライエントの感情を理解することである。そしてケースワーカーが援助という目的を意識しながら，クライエントの感情に適切なかたちで反応することである」[3]と述べられている。

（4）受容の原則

受容とは，「援助におけるひとつの原則である，クライエントを受けとめるという態度ないし行動は，ケースワーカーが，クライエントの人間としての尊厳と価値を尊重しながら，彼の健康さと弱さ，また好感をもてる態度ともてない態度，肯定的感情と否定的感情，あるいは建設的な態度および行動と破壊的な態度および行動などを含め，クライエントを現在のありのままの姿で感知し，

> **ケースワーカー**
> 　一般に社会福祉において，相談・援助に携わる専門職のことをいう。生活保護行政においては，社会福祉法に規定（第15条）された「福祉に関する事務所」（福祉事務所）に設置される所員のうちの「現業を行う所員」のことをいう。社会福祉法は，福祉事務所の所員の総定数を定めるところではないが，このケースワーカー（現業員）については定数を定めている。福祉事務所の設置者によって異なるが，おおむね65〜80の被保護世帯につき1人と定められている（第16条）。このことなどからケースワーカーは「地区担当員」ともよばれる。

クライエントの全体に関わることである。

　しかし，それはクライエントの逸脱した態度や行動を許容あるいは容認することではない。つまり，受けとめるべき対象は，『好ましいもの』（the good）などの価値ではなく，『真なるもの』（the real）であり，ありのままの現実である。

　受けとめるという原則の目的は，援助の遂行を助けることである。つまりこの原則は，ケースワーカーがクライエントをありのままの姿で理解し，援助の効果を高め，さらにクライエントが不健康な防衛から自由になるのを助けるものである。このような援助を通して，クライエントは安全感を確保しはじめ，彼自身を表現したり，自ら自分のありのままの姿を見つめたりできるようになる。また，いっそう現実に即したやり方で，彼の問題や彼自身に対処することができるようになる」[4]と述べられている。

（5）非審判的態度の原則

　非審判的態度とは，「クライエントを一方的に非難しない態度は，ケースワークにおける援助関係を形成する上で必要なひとつの態度である。この態度は以下のいくつかの確信にもとづいている。すなわち，ケースワーカーは，クライエントに罪があるのかないのか，あるいはクライエントがもっている問題やニーズに対してクライエントにどれくらい責任があるのかなどを判断すべきではない。しかし，われわれはクライエントの態度や行動を，あるいは彼がもっている判断基準を，多面的に評価する必要はある。また，クライエントを一方的に非難しない態度には，ワーカーが内面で考えたり感じたりしていることが反映され，それらはクライエントに自然に伝わるものである」[5]と述べられている。

（6）自己決定の原則

　利用者の自己決定とは，「クライエントの自己決定を促して尊重するという原則は，ケースワーカーが，クライエントの自ら選択し決定する自由と権利そしてニードを，具体的に認識することである。また，ケースワーカーはこの権利を尊重し，そのニードを認めるために，クライエントが利用することのできる適切な資源を地域社会や彼自身のなかに発見して活用するよう援助する責務をもっている。さらにケースワーカーは，クライエントが彼自身の潜在的な自己決定能力を自ら活性化するように刺激し，援助する責務をもっている。しかし，自己決定というクライエントの権利は，クライエントの積極的かつ建設的決定を行う能力の程度によって，また市民法・道徳法によって，さらに社会福祉機関の機能によって，制限を加えられることがある」[6]と述べられている。

（7）秘密保持の原則

　秘密保持とは，「秘密を保持して信頼感を醸成するとは，クライエントが専門的援助関係のなかでうち明ける秘密情報を，ケースワーカーがきちんと保全することである。そのような秘密保持は，クライエントの基本的権利にもとづくものである。つまり，それはケースワーカーの倫理的な義務でもあり，ケースワーク・サービスの効果を高める上で不可欠な要素でもある。しかし，クライエントのもつこの権利は必ずしも絶対的なものではない。なお，クライエントの秘密は同じ社会福祉機関や他機関の他の専門家にもしばしば共有されることがある。しかし，この場合でも秘密を保持する義務はこれらすべての専門家を拘束するものである」[7]と述べられている。

　これらのバイステックの7つの原則は，それぞれが独立した原則ではなく，相互に関連しあっており，切り離して考えることはできないものである。ところでこのバイステックの7つの原則はソーシャルワーカーとクライエントの援助関係の基本的な要素を示したものである。そしてこれらの原則を身につけることにより，クライエントから暖かく受容的な雰囲気を感じられることにつながり，よりよい援助につながっていくこととなる。

　ただ基本的な要素といっても，これら7つの原則を実践で生かすことは簡単ではなく，相当の教育や訓練が必要であると思われる。実際の援助場面では，頭では原則を理解していても，なかなかクライエントにバイステックの7原則通りに支援を行うことは困難である。また原則通りにしていれば，それだけで信頼関係が順調に形成されていくとは限らず，むしろ紆余曲折することのほうが多く，実際にはスーパービジョンを受けたりしながら，次第に信頼関係を形成していくこととなる。

3　事例検討

（1）個別化の原則に関する事例

　A君は集中力が弱く，保育園（所）での着替えや身支度がなかなかひとりでできないでいた。しばらくは保育者が一緒について着替えや身支度を行っていた。A君は着替えや身支度の順序そのものは理解しているが，どうしても周囲の子どもたちの遊んでいる様子やはしゃぐ声などに気を取られてしまっていた。A君には兄弟がおらず，自宅でも自分のするべきことをすべて保護者が行っていたため，着替えや身支度などを自分自身で行うという習慣がなかったのである。

　そこで，周囲の友達が自分自身で着替えや身支度を行っていることを意識するように常に促す声かけを行った。

　もちろんこれまでにも同様に着替えや身支度を自分自身でできない子どもは

スーパービジョン

　対人援助の専門職者は，自分自身の考えあるいは行動に対し自信がもてない，あるいは自らでは気づかないまま好ましくない行動を取っている場合が存在する。このような時，他者からの視点で，助言を得たり指摘をうけることは，自らの行動を修正していくうえで有効である。この一連の取り組みをスーパービジョンという。そのさい，自らの状況・行動を話す側の者をスーパーバイジー（supervisee），指摘・助言する側の者をスーパーバイザー（supervisor）という。この取り組みは，グループ（group）で実施することもあり，その場合には1対1の個人スーパービジョンと区別する意味でグループスーパービジョンという。

何人もおり，その時にも「周りの子どもをよくみなさい」と声かけを行った経験はあった。しかし今回，A君への声かけを行うにあたっては，これまでの声かけをするという経験を基本的方針にしながらも，誰を参考にするかということについては，保護者の意向やA君との関係性を大切にした。またA君が保護者に自宅ですべて手伝ってもらっていることを恥ずかしいと思わずに取り組めるような声かけをすることに留意し，A君の日常生活を改めてよく観察することを通じて，どの場面でどのような声かけをするかについて個別の計画を立てた。そうした個別化の原則を意識した支援を行うことで，A君は葛藤なく友達のまねをしたり，競ったりしながら，少しずつ着替えや身支度の習慣が身につくようになっていった。

（2）意図的な感情表出の原則

　子ども同士のケンカなどのトラブルがあった場合に，すぐに保護者が保育者や保育園（所）に対して，「A君が嫌なことを言ってきたから，がまんできずうちの子どもが手を出してしまった」や「先に手を出したのはB君で，うちの子どもは仕返しをしただけ」などと他の子どものせいにする保護者もいる。なかには「保育者がちゃんとみていなかったからケンカになってしまった」などと保育者のせいにする保護者もいる。

　しかしそんな時でもすぐに保育者はそうした発言に対して感情的に反応せず，保護者が秘めている感情にも心を向けることが大切である。相手のことを責めながらも，自宅でも子どもが保護者や祖父母，兄弟にすぐ手をあげたりするために，祖父母から保護者（とくに母親）が「子どものしつけがなってないから，乱暴になる，言葉づかいが荒くなるんだ」と批判されているなど不安や苛立ちの気持ちをもっている場合も少なくない。

　そのためそうした不安や苛立ち，時には悲しみの感情を保護者が表出できるように，そうしたマイナスの感情を言葉にしても大丈夫ということを伝えたりすることが必要となる。またそうした感情を出しやすくするためにも，促しの技法や繰り返しの技法を用いたり，面談場所を変えたりして保護者と1対1で話し合え，他の人が聞けない場所で面談することに気をつけている。そして保育者が「あなたと子どもさんのことを心配している」ということを伝えることによって，保護者が安心して自分の気持ちを表出しやすくなる。

（3）統制された情緒的関与の原則

　保育園（所）での自由保育時間に戸外で遊んでいた時に，AさんにBさんが近づいていき，突然「大嫌い!!　どこかに行って」と大きな声で怒鳴り始めた。Aさんに話を聴くと，AさんはCさん，Dさんと遊んでおり，「Bさんとトラブルになる心あたりはない」とのことであった。

　Bさんはなおも怒っているようで，Aさんのことを嫌いと言い続けていた。保育者はBさんの怒っている様子をしっかりと観察しながら，Bさんが落ち着くのを待った。普段はAさんとBさんは席も近くで時々一緒に遊んでいたが，大きなトラブルはなかったからである。

　Bさんがしばらくして落ち着いたので話を聴いてみると，「私もAさんと仲良くしたい。でもAさんはいつもCさん，Dさんと遊ぼうとするから嫌いとつい言ってしまった」とのことであった。

　保育者はBさんの言葉にだけ反応するのでなく，顔の表情，身体全体の表情，しぐさ，涙を流す，口ごもるなどの様子をしっかりと観察してBさんの隠れた気持ちを理解しようとすることが必要である。こうした非言語表現が子どもの感情を理解する手掛かりになることがある。このように言葉以外もしっかりと観察し，子どもの感情についての理解を深め，意図的に反応することが大切である。こうした統制された情緒的関与が，子どもに対する心理的手助けにもなり，素直な感情表現を促すことにもなる。

　本事例では，BさんはAさんに対して自分から誘いに行くことができなかったことが明らかとなったため，保育者が一緒にAさんに謝り，遊びに誘おうと提案するとBさんは嬉しそうな表情になった。

（4）受容の原則

　AさんとB君は同じ集合住宅に住んでいる。B君は進級した環境の変化に対してストレスを感じ，それを上手く発散することができなかった。そのためAさんに強くあたったり，意地悪をすることが増えてきた。Aさんの保護者はAさんが自宅でよく泣くことを心配し，B君の保護者も自分の子どもの振る舞いに悩んでいた。そこでまずはB君の保護者から話を聴くことにした。

　B君の保護者はB君が発達障害であるのではないかと不安を実は抱いていた。そのため自宅でもB君に対して，独自に発達障害児に対する対応方法を学び，障害の軽減を目標として一生懸命に子育てを行っていたことが明らかとなった。

　ただB君の保護者が目にしていた発達障害に関する情報は間違いであり，発達障害は子育てに問題があると思い込んでいるようであった。そのためB君への思いはあるものの，B君のストレスが増大する一因にもなっていた。しかし保育者はただちにB君の保護者に間違いを指摘せず，促しの技法や繰り返しの技法を用いて話を聴きながら，同時にB君の保護者の話を否定せずに聴くことを心がけた。B君の保護者の一生懸命な気持ちを大切にしながら，どうして子どもにきつく子育てをしてしまうのかを理解しようとした。

　ただ間違った子育てを継続するのはB君のストレスを増大し，Aさんへのあたりも続くことが考えられる。そこでB君の保護者から保育者にどうすればいいかと助言を求める場面を待つことにした。その後，B君の保護者が助言

発達障害

　発達期にさまざまな原因が作用して，中枢神経系に障害が生じる結果，認知・運動・社会性などの機能の獲得が妨げられることである。具体的には知的障害，広汎性発達障害（自閉症など），特異性の発達障害（学習障害など）などがあげられる。障害種別は異なるものの，これらの間には対応や処遇，あるいは生活上の援助などで共通する部分も多い。また明確な区別がつきにくい場合や，いくつかの障害が重なり合っている場合もある。おのおのの個別性と共通性についての認識が大切である。

を求めてきた。その質問に対して保育者は求められる範囲で助言を行ったり，発達相談を勧めるなどした。

（5）非審判的態度の原則

　Ａさんがら Ｂさんに怒られたと泣いている。Ｂさんは反省したように下を向いているので，保育者がＢさんに「何かあったん。教えてくれる。」と声を掛けると，「ＡさんがＣさんのお帳面のシールを勝手に貼っていたからあかんでぇといった。」と話し出した。周りの子どもたちはＡさんとＢさんのどちらが悪いのかを言い出したが，保育者はすぐに止めさせて，一度教室に戻らせ落ち着かせることにした。

　こうしたケンカなどトラブルがあった場合にはどちらが悪いのか，正しいのかをつい考えて対応してしまいがちだが，事情がわかり一般的にはどちらが非難されるべきかがわかっても，すぐには批判や叱責をするべきではない。大切なことは「なぜそのような言動をしたのか」という理由や背景をしっかりと考える姿勢をもち，どちらの話にも耳を傾けることである。しかし審判や非難はしなくても，子どもたちの行動や態度に対する客観的評価は必要な場合もある。本事例では，Ａさんが泣いているからといってＢさんをすぐに加害者と決めつけず，またＢさんの話からＡさんの行動に問題があったと感じても，すぐに審判を行わず，保育者と一緒に子どもたち同士で話し合いを行った。Ａさんも悪気はなく，意地悪でシールを貼ったのではなく，世話をやくつもりでシールを貼ったとのことであった。その後，保育者はＡさんとＢさんとこれからどうするかを一緒に考えながら仲直りをさせた。

（6）自己決定の原則

　クラスに重度の知的障害がある子ども（療育手帳：A2）が在籍している。保護者は特別支援学校に就学するべきか，公立の小学校特別支援学級に就学するべきかとても悩んでいる。保護者には特別支援学校と公立小学校の特別支援学級の見学，説明会などに参加してもらった。保育者は子どもの知能指数，発達指数，日常生活状況，支援の必要性などを考えると，ある一定の考えはあったが，あえて自分自身の意見は保護者に伝えなかった。

　就学を最終的に決定するのは何よりも本人と保護者の意思であるということを，保育者は強く意識しているからである。また保護者は一生懸命に子どもの将来のことを考えており，その判断をするだけの情報収集もしていることも関係している。仮に保護者が，子どもの就学を考えるうえで困惑していたりして，目先のことしか考えられなかったりしていれば，子どもと保護者にとって何が最善かを常に考えながら，検討した課題の決定方法を用意し，十分な説明をともなった選択肢を保護者に示すことも必要となる。

療育手帳

　知的障害児・者に一貫した相談・援助を行い，各種の措置をうけやすくするため1973（昭和48）年に制度化された（昭48厚生省発児156）手帳で，交付対象者は児童相談所または知的障害者更生相談所において知的障害と判定された者である。この制度の実施主体は都道府県知事（政令指定都市にあっては市長）であり，知的障害者の居住地を管轄する福祉事務所が窓口となる。また，障害の程度が重度の「A」（1 知能指数35以下，あるいは，2 知能指数50以下で1〜3級に該当する身体障害の合併）と，それ以外の「B」に区分されている。さらに，都道府県，政令指定都市により手帳の名称や，程度認定，申請の手続き等が異なるところがある。

特別支援学校

　2006年の「学校教育法等の一部を改正する法律」により，盲，聾，養護学校を一本化して，障害種別を超えた教育を実施する学校。その目的は，「視覚障害者，聴覚障害者，知的障害者，肢体不自由者又は病弱者に対して，幼稚園，小学校，中学校又は高等学校に準ずる教育を施すとともに，障害による学習上又は生活上の困難を克服し自立を図るために必要な知識技能を授けること」と規定されている。特別支援学校は教育を行うほか，関連教育機関の要請に応じて，必要な助言・援助に努める。

　ただ今回の事例では，最終的に子どもの就学先を決めるのは保護者であり，保護者は自分たちの意思と選択によって，決定を行い，保育者はその後押しをすることが求められる態度であると思われる。

　そのためにも，保護者の考えるべきことを明確化し，将来の見通しをもてるように支援すること，就学候補先（本事例では特別支援学校，公立小学校特別支援学級など）や利用可能な福祉サービス（放課後等デイサービス，ホームヘルプサービスなど）について理解できるように情報提供や支援を行うことが，保育者に求められる支援である。

　本事例は現在も保護者は判断を迷っている状況で結論は出ていない。よりよい判断を保護者にしてもらえるように，保育園（所）としては，必要な支援は行いつつ，あせらせず保護者の意見を最優先して相談にのっている。これが自己決定を尊重した支援である。ただ残念なことに保護者が公立小学校特別支援学級の見学をしたいと連絡を入れても，「保育園（所）か市の教育委員会を通してもらいたい」と断られたこともあった。自己決定の原則をきちんと実践するには，まだまだ社会全体の理解が進むことも必要であると痛感している。

（7）秘密保持の原則

　保育園（所）の入園式の当日，Aさんの父親と名乗る男性が来園した。Aさんの両親は入園式の前に父親からのドメステック・バイオレンス（DV）が原因で離婚しており，母親から他の保育園（所）に入園することになったとの連絡を受けていた。そのため男性には，Aさんが入園しないことのみを伝え，それ以上は何も伝えないようにした。男性はなおも情報をえようと食い下がったが，保育所側は「何も伝えることはできません。」とだけ伝えるにとどめた。

　母親からは秘密にしてほしいとは言われていなかったが，男性に何も伝えないことは当然のことである。今回の事例はDVによる離婚なのでわかりやすいが，母親の近親者（祖父母など）や親しい人であっても，一切の情報を伝えないことは当然の対応である。

　今回の事例では，母親は離婚やDV，さらにはそのために他の保育園（所）に入園した事実を話して保育園（所）に理解を求めている。実際にはかなり踏み込んだ話し合いもしているが，こうした話は本来は他者には，たとえ誰に対しても基本的には話したくない内容である。それを話すということは，母親が保育園（所）と保育者を信頼して話している気持ちを十分に理解する必要がある。

（8）受容の原則，非審判的態度の原則，自己決定の原則（複数の原則を
　　　有する事例）

　Aさんは5歳の女児である。家族構成は父親28歳，母親22歳の3人家族である。父親は会社員，母親は専業主婦である。現在は保育園（所）年長組に

児童相談所

児童福祉法に基づき都道府県および指定都市が設置する児童福祉サービスのなか核となる相談・判定機関。児童相談所の業務は次のように大別できる。①児童福祉司，心理判定員，医師等が配置され，児童に関する各般の問題について家庭やその他機関からの相談に応じる。②児童およびその家庭について，医学的，心理学的，社会学的視点から調査・診断を実施し，その判定に基づいての指導を行う。③児童の一時保護などである。またこれらの業務は必要に応じて巡回して実施する場合もある。児童相談所長は都道府県知事からの委任を受け，施設入所，家庭裁判所への送致，国立療養所等への入所委託等の措置をも行う。

児童発達支援センター

地域の障害のある児童を通所させて，日常生活における基本的動作の指導，自活に必要な知識や技能の付与または集団生活への適応のための訓練を行う施設である。福祉サービスを行う「福祉型」と，福祉サービスに併せて治療を行う「医療型」がある。

放課後等デイサービス

放課後等デイサービスとは，学校教育法第一条に規定する学校（幼稚園および大学を除く）に就学している障害児につき，授業の終了後または休業日に児童発達支援センターその他の厚生労働省令で定める施設に通わせ，生活能力の向上のために必要な訓練，社会との交流の促進その他の便宜を供与することをいう。

在籍している。Ａさんは知的障害を有する自閉症スペクトラムが疑われており，母親はＡさんから目が離せない状況が続いていた。そのためにＢ市の家庭児童相談室に相談に訪れたのである。その結果，療育手帳を申請し，必要な支援が受けやすくなることとなった。保護者はそれまではＡさんに障害の疑いが指摘されても，児童相談所に行くことは拒んでいた。

保護者が児童相談所に行くことを拒んでいたことには理由があった。Ａさんが3歳6ヵ月検診を保健所で受診した際に，知的障害や行動上の問題が指摘され，担当保健師より児童発達支援センターへの通園を強く勧められた。担当保健師から，養育態度や養育方法を厳しく指導され，批判を受けたような気持ちになっていた。もちろん担当保健師に母親を非難した気持ちはなかったのかもしれないが，保護者は担当保健師に対する受け入れがたいマイナスの感情をもってしまった。そのため保健所から発達相談の通知があっても，かたくなに相談を拒んでいたのである。

保護者はＡさんに対して，しつけをしっかりとしようとして，Ａさんに一生懸命にしつけを行った。しかしその効果は保護者にとって実感できるほどはあがらなかった。家庭児童相談室での発達相談員，保育者と保護者との面談ではそうした母親の養育態度や養育方法を少しも非難，批判をしないことを原則に行われた。むしろ母親が一生懸命に子育てを行っていることを肯定的に認めて，そして母親の本当の気持ちを引き出していくことを目標とした面談が行われた。保健所での発達相談には連絡すら取らなかった母親が，今回の面談では次第につらかった気持ちや子育てに追い込まれていたこと，Ａさんの障害をまだ受け入れたくないこと，さらには自分の子育てに対する反省すら話すこととなった。その後は家庭児童相談室からは子育てに関して，とくに指導することもないにもかかわらず，Ａさんに対してなるべく叱ったり注意するのでなく，少しでもほめる機会を多くしていこうとするように変化があった。

保育者と保護者との面談においては受容的な関わりは非常に重要であり，保護者に対して，非難や否定的な単語をまったく使わずに保護者の話を聴くということは大変なことではある。逆に保育者が事例の保健師のように指導的に関わっても十分な効果が出ないことや逆効果となることさえあることに保育者は留意するべきである。もちろん短期間でここまでの信頼関係を基本とした受容的関わりの効果があるということは，それまで本当につらい気持ちや周囲に出せなかった感情がそれだけ大きかったことでもある。バイステックの7原則を技法として受容的に関わるのではなく，保護者のそうしたつらい気持ちや厳しい状況を少しでも理解しようとする態度で面談を行い，保育者と保護者との信頼関係を形成していくことこそがバイステックの7原則の重要なことである。

注

1) バイステック，F. P. 著，尾崎新・福田俊子・原田和幸訳『新訳版　ケースワークの原則—援助関係を形成する技法』誠信書房，1996 年，p.36
2) 同上書，pp.54-55
3) 同上書，p.78
4) 同上書，pp.114-115
5) 同上書，p.142
6) 同上書，p.16
7) 同上書，p.191

参考文献

足立叡・佐藤俊一編著『ソーシャル・ケースワーク　対人援助の臨床福祉学』中央法規，1996 年

小関康之・西尾祐吾編著『臨床ソーシャルワーク論』中央法規，1997 年

中村優一『ケースワーク　第 2 版』誠信書房，1980 年

西尾祐吾・橘高通泰・熊谷忠和編著『ソーシャルワークの固有性を問う—その日本的展開をめざして』晃洋書房，2005 年

プロムナード

　　本章ではバイステックの 7 原則を中心に保育者が保護者と信頼関係を形成することの重要性とその具体的な方法，そして事例を基にして，保育士を目指す学生や相談支援に興味がある読者がバイステックの 7 原則を体系的に理解するように努めました。現在では保育者は子どもの保育をするだけが業務ではなく，保護者の相談支援も一層重要視されてきています。

　　また厚生労働省による保育士養成課程の改正にともない，保護者に対する相談援助はもちろんのこと，地域の子育て支援，さらにはソーシャルワーク機能までもが求められるようになっています。

　　バイステックの 7 原則はかなり古くにバイステック，F. P. が提案した原則ですが，今なお多くの書物で取り上げられ続けているのは，それだけ相談援助において重要な役割を果たしているからです。現在はとくに保護者が子育てに対してストレスを感じたり，悩むことが多くなっています。また以前と比較して子育てに関して相談できる相手が身近にいないことも多いです。本章の最後の事例でも取り上げたように，保護者との面談で大切なのは，正しいことを伝えて指導することではなく，信頼関係をしっかり形成して，子育てに悩む保護者のよき理解者，支援者になることだということをわかっていただければと思います。

学びを深めるために

山田容『ワークブック　社会福祉援助技術演習①　対人援助の基礎』ミネルヴァ書房，2003 年

　　同書は信頼関係を形成するために必要な非言語コミュニケーションについて学習できます。またバイステックの 7 原則の実践に必要とされる援助的コミュニケーションが学習しやすい構成となっており，ぜひワークブックとして活用していただきたい 1 冊です。

第 4 章

相談援助の方法と技術

（１）児童をどのようにとらえるか

　子どもは，感情豊かで自由な心をもち，その時その時を輝きながら精一杯に生きており，無限の可能性を秘めたかけがえのない存在である。とくに乳幼児は，さまざまな既成概念に縛られることがないので，無限大の発想力・想像力を有している。

　子どもの発達は，大人からの愛情や保護，世話などを通じた体験をもとにして，環境に働きかけながら，環境との相互作用を通して，豊かな情操や行動力，協調性，自尊感情，思いやりなどを培い，人への信頼感や自己の主体性を形成しつつ，新たな能力を獲得していく過程である。

　子どもの健全な成長・発達には，大人の関与は不可欠であり，子どもは大人の庇護のもとで健やかな成長・発達を保障されなければならない。一方で子どもは自らの意思や願望をもっており，それが尊重されなければならない。

　「子どもの権利条約」（児童の権利に関する条約）では，子ども固有の諸権利を明らかにし，子どもが権利の主体であることを明確にしている。子どもは人であるという前提に立ち，保護される客体としてとらえられていた子ども観からの転換を求め，子どもを独立した人格と尊厳をもつ，自由や幸福を追求することができる権利の主体としてとらえる子ども観が大切にされている。

　すなわち，子どもは受動的権利（擁護される権利）と能動的権利（意見表明や参加する権利）のどちらも十分に保障されなければならない。子どもは大人との関係において弱い立場にあるからこそ，子どもが主体的かつ意欲的に生活できるように保障することが大切なのである。

　ここでは，子どもにとってもっとも大切な「子どもの権利条約」の柱となる４つの権利について紹介する。

　　「**子どもの権利条約**」— ４つの柱[1]
　　「**生きる権利**」
　　　子どもたちは健康に生まれ，安全な水や十分な栄養を得て，健やかに成長する権利を持っている。
　　「**守られる権利**」
　　　子どもたちは，あらゆる種類の差別や虐待，搾取から守られなければならない。紛争下の子ども，障害を持つ子ども，少数民族の子どもなどは特別に守られる権利を持っている。
　　「**育つ権利**」
　　　子どもたちは教育を受ける権利を持っている。また，休んだり遊んだりすること，様々な情報を得，自分の考えや信じることが守られることも，

自分らしく成長するためにとても重要である。

「参加する権利」

子どもたちは，自分に関係のある事柄について自由に意見を表したり，集まってグループを作ったり，活動することができる。そのときには，家族や地域社会の一員としてルールを守って行動する義務がある。

子どもたちがこうした権利を行使できるように援助することが，大人に求められている。子どもの意見に耳を傾け，それを尊重しながら，子どもの健全な発達を保障していくという観点から，子どもにとって最善のものは何かを見つけ出して，対応していくことが重要となるのである。

大人は，ときとして生きる主体である子どもの存在を見失い，大人の意向を優先させて，指示や命令するような働きかけに陥ることもある。ただし，保育者は，常に子どもを主体的に生きる存在としてとらえ，ともに生きるという姿勢を忘れてはならない。

また，子どもは，子どもなりの悩みや苦しみを抱えている。乳幼児であっても，その子なりの悩み・苦しみ・心配事を抱えている。大人からみれば他愛のない悩みでも，子どもにとっては深刻な問題ということもある。場合によっては，このような悩み等を隠しながら耐え忍んでいることもあり，子どものこうした負担となっている気持ちの表出をうながしながら，それを受けとめ，負担を軽減させていくことも大切である。

保育者においては，声を上げられない子どもの心にも寄り添いながら，その気持ちに共感し，子どもの立場に立ってそれを代弁していくとともに，その抱えているニーズに対応していくことが求められる。

(2) 家族・家庭をどのようにとらえるか

家族とは，「夫婦・親子・きょうだいなど少数の近親者を主要な構成員とし，成員相互の深い感情的係わりあいで結ばれた，第1次的な福祉志向の集団である」[2]とするのが，わが国の代表的な家族の定義である。なお，この家族の定義には，夫婦の一方を欠く父子のみや母子のみの場合や，親または子あるいは双方を欠く夫婦のみの場合，血縁関係を欠く養親子の場合も含まれる。また，家族のなかには同居していない者，つまり他出している者も含まれる。

人は，多くの場合，誕生してから家族に育てられ，さまざまな生活行動をともにし，家族との触れ合いのなかで人間として必要な愛情や社会規範意識などを身につけ成長していく。家族は，私たちにとって最も身近な，きわめて大切な集団であり，社会構成の基本単位である。ただし，近年，家族の普遍的な存在に対して疑問を呈する見解もみられる。

次に，家庭について，『広辞苑（第六版）』の解説文をみると，「夫婦・親子な

> **養親子**（ようしんし）
> 養子縁組みによって生じた親子の関係。

ど家族が一緒に生活する集まり。また，家族が生活する所」となっている。すなわち，家族員の生きる拠点が家庭である。

　子どもにとって生活の場の基本は家庭であり，家庭は子どものもっとも安らげる心の居場所である。さらに，子どもにとっての家庭は，発達基盤ともなる。子どもは家族とのふれあいを通じて，人権の尊さや生命の大切さなどを学び，基本的な生活習慣や社会性を身につけ，人格を形成し，豊かな人間性をもった大人へと成長していく。

　また，現代社会では，資本主義における行き過ぎた効率性や成果主義が台頭し，人間，とりわけ子どもの情緒面の発達において否定的な影響を及ぼしていることが危惧されており，家庭には，こうした社会への抵抗体としての機能を果たし，家族員のストレスを軽減しながら，社会の変動に対応していくことが求められている。

　したがって，子どもの健やかな育ちのためには，家庭生活と親子関係の安定が重要となり，親が心にゆとりをもって，安心して子育てできることが大切とされる。とくに，乳幼児の時期は，親（あるいはこれにかわる特定の大人）との愛着関係が，子どもへの生涯にわたっての影響を及ぼすものとなる。

　近年，わが国では，少子高齢化や核家族化の進行とともに，地縁，血縁関係や近所付合いが希薄になってきたことによって，子どもの育て方やしつけなどについて，保護者が地域住民から学ぶ機会や支援を受けるという環境が失われつつある。親になるまで子どもと関わる体験のない保護者も増加している。さらには，子育てについて話のできる相手がまったくいないという孤立の深刻化とともに，保護者は，育児に悩み，虐待不安を抱え，また，氾濫している情報に振り回されることも多くなっている。

　なかには，家庭の機能に支障が生じ，家族だけでの解決がむずかしくなり，家庭が子どもにとって安定し，安心できる場所ではなくなっている状況もみられる。

　最近の家庭問題には，保護者の離婚，DV（ドメスティック・バイオレンス），経済的な問題，うつ病など心の不調，児童虐待，養育困難など，保護者自身の生活に関するものが多くなっている。また，気になる子どもの行動（落ち着きがない・情緒不安・乱暴等）が，こうした家庭問題の影響を受けていることも少なくない。

　そこで今，子育て家庭への社会的支援が必要とされているのである。子どもと保護者の安定した関係への支援は，子どもの最善の利益につながるのものでもある。

　ただし，家族の抱える問題には，育児に関する専門的な知識や技術の提供などによる保育者の対処だけでは解決できないものもあり，こうした問題の場合には，他の関係機関や専門の福祉機関を紹介することが必要となる。

（3）地域をどのようにとらえるか

　地域とは人びとが交流し，生活する場である。子どもは家庭で家族から愛情を受け，地域のなかでさまざまな人とふれあいながら成長していく。子どもにとって，地域は家庭に次ぐ身近な生活の場であり，保護者にとっても身近で重要な子育ての場となる。安心して子どもを生み育てることや，のびのびとした子どもの成長においては，地域とのつながりが深く関与してくる。

　ただし，近年の地域においては人びとの集う機会が減少し，互いに支え合おうとする意識が弱まるなど，人間関係が希薄になってきている。隣近所に対して関心をもつ人も減り，地域でのお祭りや運動会といった年中行事も年々なくなっていくなかで，地域住民は，隣近所の子どもに接して世話をする機会や，子育て家庭の保護者と交流する機会も減ってきており，子育て家庭を地域社会が包み込むようにして一体となって営まれてきた子育ては，むずかしい状況となっている。

　ただし，地域には，さまざまな専門機関や施設，団体が存在している。生活問題を抱える子どもや家族と地域のそれらの社会資源を結びつけ，地域との絆を結びなおしていくことで，家庭の生活問題を解決していくことが可能となる。子育て家庭の問題の発生予防や早期発見，さらに深刻な問題や複数の要因が絡んでいるケースへの対応においては，とくに地域との連携は必要となる。

　地域が子どもや子育て家庭を支え，家庭の生活問題を解決していく役割を果たすためには，まずは，専門機関や施設を中心としながら，意図的に子どもや家庭のニーズに対応するための社会的支援の地域ネットワークづくりへの取り組みが重要となる。また，地域の住民主体による子育て支援活動等を育んでいけるような，子ども・子育て家庭にやさしいまちづくりへの取り組みも求められる。地域のなかでさまざまな人と人が出会い，多様な価値観にふれたりすることで，他者を尊重する態度やともに生きていく姿勢が地域のなかに芽生えてくるのである。

　地域社会の在り方やそこに存在するものの見方や考え方は，子どもはもとより，人びとの人権感覚の醸成にも大きな影響を与える。

2　保護者に対する相談援助

（1）保護者に対する相談援助の意義と原則

　子どもはさまざまな環境と関わりながら，そのなかで体験を積み重ねながら成長発達していく。環境との相互作用により生み出された新しい出来事を通して，子どもはさらに豊かな意欲や態度を育んでいくことになる。

　子どもにとってもっとも重要な生活環境は家庭であり，家庭環境のもとで愛され，尊重され，幸せに育つことがその人生の基礎づくりにどれだけ重要な意

味をもつのかが多くの研究によって明らかにされている。

　ただし，わが国の家庭を取り巻く状況は大きく変化してきており，核家族化や地域のつながりの希薄化，家庭の貧困等によって，人びとと協力しながら子育てを楽しみ，生きがいをもって子育てをすることがむずかしくなってきている。親が親として育ち，子どもが子どもとして安心・安全に育つ環境が失われつつあるといえる。

　したがって，保護者にとって身近な育児に関する相談のできる場が求められており，そこで地域における身近な相談窓口として保育の実践をしている保育所が専門機能を活用し，育児についての相談に応じることが必要となるのである。保護者の育児不安の解消を図ることは，それを通じて乳幼児の健全育成に資することにもなる。

　「保育所保育指針」では，「保育所における保護者への支援は，保育士等の業務であり，その専門性をいかした子育て支援の役割は特に重要なものである」とし，保育士が担う機能として，保護者に対する支援が強調されている。

　児童福祉法においても，保育士は，「保護者に対する保育に関する指導」（以下，保育指導）を業務とすると規定しており，子どもへの保育とともに保育指導は子どもの育ちを支えていく大切な支援活動として位置づけられている。

　保育指導とは，保育所保育指針解説書（第6章）では「子どもの保育の専門性を有する保育士が，保育に関する専門的知識・技術を背景としながら，保護者が支援を求めている子育ての問題や課題に対して，保護者の気持ちを受け止めつつ，安定した親子関係や養育力の向上をめざして行う子どもの養育（保育）に関する相談，助言，行動見本の提示その他の援助業務の総体」とし，「保育所においては，子育て等に関する相談や助言など，子育て支援のため，保育士や他の専門性を有する職員が相応にソーシャルワーク機能を果たすことも必要」になると述べている。

　保護者に対する相談援助のためには，ソーシャルワークの原理・知識・技術等を活用しながら援助を展開することが肝要となる。ソーシャルワークとは，生活問題を抱える対象者と，対象者の抱えるニーズを満たすことのできる社会資源との関係を調整しながら，自立的生活，自己実現，生活の質の向上の達成を支えていくことで対象者の抱える問題の解決を図る一連の活動をいう。

　保育所保育指針解説書では，「相談・助言におけるソーシャルワーク機能」として，「保育所や保育士はソーシャルワークを中心的に担う専門機関や専門職ではない」が，「ソーシャルワークの原理（態度），知識，技術等への理解を深めたうえで，援助を展開することが必要」と述べられ，ソーシャルワークの原理（態度）として，「保護者の受容」「自己決定の尊重」「個人情報の取扱い」をあげている。

　「保護者の受容」とは，一人ひとりの保護者の個別性を尊重し，どのような

場合でも非審判的態度で相手の声に耳を傾けて，ありのままを受け止めて理解し，共感的していくことである。また，抱えている問題がその保護者にとってどのような重みをもっているかを理解することである。

「自己決定の尊重」とは，援助の過程において，保護者自らが選択，決定できるように支援していくことである。

「個人情報の取扱い」とは，保護者に関する個人情報を守り，保護者が安心して話をできる状態にしていくことである。

上記のソーシャルワークの原理である「保護者の受容」「自己決定の尊重」「個人情報の取扱い」を，保護者に対する相談助援の原則として理解することができる。その他に，保育所保育指針に示される保護者支援における基本姿勢として，「子どもの最善の利益の考慮」，「保護者とともに子どもの成長の喜びの共有」，「保護者の養育力の向上」，「相互の信頼関係」があげられており，こうした視点も重要である。なお，「子どもの最善の利益の考慮」とは，子どもに影響を与える事柄を決定するときは，子どもの思いや考えを十分に受け止め，尊重するとともに，子どもが自立した社会性のある大人へと成長するためにもっともよいことは何かを判断の基準にすべきという考え方である。また，「保護者の養育力の向上」とは，子どもと保護者との関係，保護者同士の関係，地域と子どもや保護者との関係を把握し，それらの関係性を高めていくことである。

（2）保護者支援の内容

保護者支援において大切なことは，父母その他の保護者の子育てを肩代わりすることではなく，保護者が子育てに対して，喜びや生きがいを感じられるようにしていくことである。

保育者には，まず保護者の声にしっかりと耳を傾け，保護者の生活状況やその思いを受け止めて共感しながら，適切に対応していくことが求められる。保護者からの疑問や要望に対しては誠実に対応し，意思疎通を積み重ねていくなかで，保護者との信頼関係は深まっていくのである。

保護者の抱えるさまざまな悩みなどの相談を受ける際には，まずは一人ひとりの状況を考慮し，傾聴することを基本として，保護者の気持ちを受け止めながら理解し，対話を重ねていくようにする。保護者とともに考え，共感に基づき，適切に説明・助言などを行いながら，保護者自身が納得した解決に至ることができるように援助していくことになる。ただし，その際には，子どもの最善の利益を考慮して取り組むことを忘れてはならない。

保育所保育指針において，「保育所に入所している子どもの保護者に対する支援」として，「子どもの保育との密接な関連のなかで，子どもの送迎時の対応，相談や助言，連絡や通信，会合や行事など様々な機会を活用して行うこ

と」や「保護者に対し，保育所における子どもの様子や日々の保育の意図など
を説明し，保護者との相互理解を図るよう努めること」などがあげられている。

　保育者においては，日頃より保育の意図や保育所の取り組みについて説明し，
丁寧に伝えながら，保護者との間において，子どもの姿に関する情報を交換し，
子どもへの愛情や成長を喜びあうことが重要となる。

　とくに保育者の視点から，子どもの気持ちや行動の理解の仕方，成長の姿な
どを保護者に伝えることは，保護者の子どもに対する理解を深めることにつな
がり，保護者を励ますことにもなる。こうした取り組みは，大切な保護者支援
といえる。

　保護者の抱える生活課題は，子どもの関わり方やしつけに関する相談など，
日々の対応で解決できるものから，児童虐待のように他機関との連携が求めら
れるものまで幅広い。したがって，地域の社会資源（児童相談所，福祉事務所，
市町村，保健センター，児童委員・主任児童委員，児童発達支援センター，教育委
員会，ボランティア団体等）の役割や機能をよく理解し，それらとの連携や協力
を常に考慮しながら支援していかねばならない。保護者が必要とする社会資源
がない場合には，必要な資源の開発や保護者のニーズを行政や他の専門機関に
伝えることも求められる。

（3）保護者支援方法と技術

　保育士による保護者への支援においては，保育の専門性を背景とし，ソー
シャルワークの原理・知識・技術を活用しながら，しなやかに支援を展開して
いくことになる。まず保護者が安心できる雰囲気づくりを心がけ，保護者の話
を傾聴し，保護者の気持ちに寄り添い，受容，共感し，保育技術を背景としな
がら，保護者の抱えているさまざまな思いに対応できるように人間的生の全体
を理解する観点にたち，保護者の生活課題を把握し，生活課題の解決に向けて
支援していくのである。

　したがって，保育者には，保護者の抱える生活課題を把握し，その生活課題
を解決していくソーシャルワークの技術，そのなかでもとくにソーシャル・
ケースワーク（以下，「ケースワーク」という）やソーシャル・グループワーク
（以下，「グループワーク」という），コミュニティワーク（地域援助技術）といっ
た技術を活用していくことが求められる。

　ケースワークとは，主に個人や家族を対象とした援助の際に活用される援助
技術である。個人と環境の相互作用に焦点をあてて，個人の変化と社会環境の
変化の両方を視野に入れて，困難な課題・問題をもった対象者が主体的に生活
できるように支援を展開する。保育所での保護者支援においては，ケースワー
クは日常場面における相談や面接による相談，電話による相談の場面で主とし
て用いられる。

　ケースワークの展開においては，バイステック（Biestek, F. P.）により提唱されたケースワークの原則である「バイステックの7原則」をもとに，保護者の話を傾聴し信頼関係を基本とした受容的なかかわりをしていくことが必要とされる。「バイステックの7原則」とは，第3章でもみたように原則1：個別化の原則（対象者を個人としてとらえる），原則2：意図的な感情表出の原則（対象者の感情表出を大切にする），原則3：統制された情緒的関与の原則（援助者は自分の感情を自覚して吟味する），原則4：受容の原則（受け止める），原則5：非審判的態度の原則（対象者を一方的に非難しない），原則6：自己決定の原則（対象者の自己決定を促して尊重する），原則7：秘密保持の原則（秘密を保持して信頼関係を醸成する）である。

　バイステックの7原則は，援助関係を築くための基本的事項であり，対象者を尊重することに基づく原則である。

　グループワークとは，意図的に作られた小集団を対象とした援助技術であり，グループメンバーとの相互作用（メンバー同士による励まし合いや競争等）や集団の力であるグループダイナミクスを活用して，個人の成長や課題の解決をうながすものである。人間は社会集団のなかで影響を受けながら成長し，生活しているということに焦点をあてた援助技術といえる。たとえば，保育所において，育児不安に悩む母親を対象に，集団である親子がふれあう場と親子が関わる遊びを提供し，母親同士が仲間づくりを行い，同じような悩みを共有し語り合いながら互いに励まし合うことを通じて親の育児不安を解消していくグループ活動を活用した支援などである。

　コミュニティワークとは，地域社会でおこる住民の問題等を地域住民自らが組織的に解決していけるように，地域社会の文化や主体性を尊重した地域住民のネットワークを構築することや，課題解決のためサービスの開発や連絡・調整などを行う援助技術である。地域社会でおこる住民の問題等を地域住民自らが組織的に解決していけるように，地域社会の文化や主体性を尊重した地域住民のネットワークを構築することや，課題解決のためサービスの開発や連絡・調整などを行う援助技術である。保育所においては，施設機能の拡充と開放を促進し，乳幼児，小・中学生，高校生，青年さらに高齢者を含む多様な年齢層による世代間の交流を図りながら，子育ての知識，技術を伝え合うなかで，地域の人びとのもっているさまざまな力を引き出し，地域に活力を生みだすとともに，地域の人びとが子育て問題を自分たちの問題としてとらえていけるように促し，子育てしやすい環境づくりを行うことなどがあげられる。

　相談援助とは，社会資源を活用し，利用者の本来もっている問題解決能力を高め，活用することで利用者が自立性や主体性を発揮できるようにすることを目指すものであり，保育者が日々の保育を中心としたかかわりに加えて，ソーシャルワークを基本とした視点をもって，専門的技術を組み合わせながら，人

　と環境が相互に影響し合う接点にアプローチしていくものである。したがって，保育者においては，悩みを抱えている個人へのアプローチとなるケースワークやグループの力や特性を活用して問題解決をはかるアプローチとなるグループワーク，社会へのアクションを活用するコミュニティワークといったそれぞれの援助技術への理解を深め，それらを包括的に把握し，問題に応じて効果的な方法を織り交ぜながら展開していくことが求められる。

　こうした取り組みにより，子どもや保護者の成長していくプロセスに向けてそれぞれのニーズに対応できる社会資源との関係を調整し，子どもや保護者の本来もつ力を高めながら生活課題の解決や緩和，自立的な生活，自己実現などを支えていくことが可能となるのである。

３　相談援助の過程

　相談援助は，図４−１のような過程を経て進められる。実際には，いつもこの通りに進むとは限らない。いくつかの段階を同時並行的に進めたり，順序が前後したりすることがある。しかし，いずれにしても，まず基本的な流れを頭に入れておくことが大切である。

（１）ケース発見

　相談援助は，生活上の問題・課題を抱えている人びととの出会いから始まる。援助を必要だと感じた個人や家族が，自ら援助者の所へやって来たり，電話をかけてくることもある。しかし，自ら援助を求めて来ない人も多く，そういう人こそ，相談援助を必要とする深刻な状況に置かれていることが多い。

　自ら援助を求めて来ない人は，地域社会のなかで孤立している，相談窓口や公的サービスの情報をもっていない，相談することへの抵抗感，相談機関・施設全般に対する不信感を持っている，（客観的には援助が必要な状態であるにもかかわらず）援助の必要性を感じていない，といった人が多い。子育ての悩みの場合は，一つひとつが日常のちょっとしたことであるため，このようなことで相談してよいのかと躊躇している間に，それらが積み重なり大きなストレスとなっていることも多い。

　援助者は，このような人びとの存在に積極的に気づき（＝ケースの発見），必

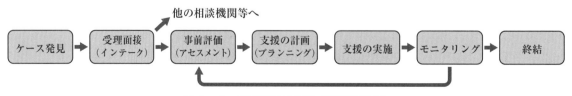

図４−１　相談援助の過程（基本的流れ）

要な援助に結びつけていかなければならない。

（2）受理面接（インテーク）

1）利用者の主訴と状況の把握

発見したケースについて，利用者が主に訴える悩み・不安・ニーズなど（＝主訴）を把握し，その主訴がどのような状況のなかで出てきているのかを，大まかに把握していく。

主訴は，利用者が現在の自分の置かれている状況をどう感じているか，ということの表れでもあるので，援助者が感じる問題や課題とは異なる場合もある。しかし，まずは利用者の訴える内容に耳を傾けることが大事である。

2）相互信頼関係（ラポール）の構築

受理面接（インテーク）は，相談援助の基盤となる利用者と援助者との相互信頼関係（ラポール）を築きあげていく最初の段階でもある。ここで築かれる関係が，利用者の相談継続の意欲に影響することを忘れてはならない。

バイステックの7原則を思い出し，利用者の不安や緊張，抵抗感等を緩和し，安心して話せる雰囲気づくりに努めなければならない。

3）受理もしくは他機関・施設の紹介

援助者は，把握した相談内容すべてに対応できるわけではない。地域にはさまざまな相談機関・施設があり，それぞれ専門としている分野，対応できない分野（＝限界）がある。援助者は所属している機関・施設の役割に照らし合わせ，利用者の相談内容に対応できるか，判断しなければならない。

対応不可能と判断された場合は，利用者に対してその理由をていねいに説明し，より適切に対応できる施設・機関を紹介する。これも重要な援助のひとつである。「勇気を出して相談したのに他へ回された」と利用者が不快に感じることのないようにしなければならない。

対応可能と判断された場合は，援助内容として何ができるのかを説明し，利用者がこのままここで相談を続ける意志があるかを確認しなければならない。利用者の相談継続の意志が確認されて初めて，相談は正式に受理されたことになる。

（3）事前評価（アセスメント）

1）情報の収集

受理面接（インテーク）で把握された内容について，さらに詳細に情報を収集する。利用者の抱えている問題がいつ頃からどのようなきっかけで生じ，その問題を利用者自身や家族はどのように受け止め，どう対処してきたのか。その結果はどうだったのか。今後どうなることを希望しているのか。関連する事項として，心身の状況，既往歴，生育歴，家族構成，家族内の人間関係，家族歴，

経済状況，就労状況，住宅環境，居住する地域の環境等，必要な情報を集める。また，利用者や家族を取り巻く公私の人間関係，サービスの利用状況等についても把握する。

これらの情報は，利用者の置かれている問題状況を理解するための情報であるだけでなく，問題解決のヒントを見つけ出すための情報でもある。したがって，問題点だけに目を向けるのではなく，利用者や家族のストレングスや社会資源として活用できそうな人間関係等にも積極的に目を向ける必要がある。

2）情報源

主な情報源は，利用者である。多くは面接という形で，利用者の話から情報を得ていく。利用者の話は，内容そのものに加えて，そこに表現される価値観や物事のとらえ方，考え方にも注意する。さらに，利用者の表情や声の調子，しぐさ，服装，（家族同席の時は）家族間のやりとり等から，利用者の心身の状態や家族関係を知ることができる。

利用者の他，必要に応じて，家族や親族，友人，近隣の人びと，かかりつけ医，保健師，教師，雇用主，ボランティア等さまざまな関係者から話を聴く。公的な機関・施設からは話だけでなく，関係書類から情報をえることもある。

他者から情報をえることについては，できる限り利用者の承諾をえて，情報の取り扱いに注意し，プライバシーに配慮しなければならない。

3）情報の整理

事前評価（アセスメント）に利用者とともに取り組むことは，利用者が自身を取り巻く状況を客観的にとらえる機会となり，そのこと自体が問題解決に結びつくこともある。また，相談援助は，ほとんどの場合，複数の援助者でチームを組みながら支援する。以上のことから，情報は，複数人で共有されることが前提となる。みやすく，わかりやすく，整理されなければならない。

何についての情報か，項目を設け，その項目ごとにまとめるとよい。決まった様式（アセスメントシート）が用意されていることもあるので，その場合はそれに記入していく。

視覚的にわかりやすくする方法としては，マッピング（mapping）技法があげられる。マッピング技法の代表的なものは，ジェノグラム（genogram）とエコマップ（ecomap）である。ジェノグラムは家族構成を，エコマップは家族内外の人間関係や社会資源とのつながりを，それぞれ記号を用いて図にしたものである。図4－2と図4－3にジェノグラムやエコマップに使用される記号の主なものと，それを用いて作図した例を示した。

4）情報の分析とニーズの明確化

情報が整理できると，それら個々の情報がどのように相互作用して，現在の状況をつくり出しているのか，さまざまな角度から分析していく。そして，利用者の主訴や希望をふまえながら，援助者の専門的視点で，利用者自身や利用

ストレングス（strengths）

人びとのもっている顕在的・潜在的"強さ""力"である。具体的には，知識，技術，能力，経済力等の他，前向きな考え方，意欲，行動力，要領の良さ，丁寧さ，慎重さ，思いやり等の長所があげられる。相談援助では，利用者のこういったストレングスを見出し，問題解決への過程のなかで発揮されるよう支援していく。

マッピング（mapping）技法

ある状況におけるクライエント（福祉サービス利用者）をとりまく家族やその他の人びと，あるいは社会資源の相互関係や全体像を，さまざまな「記号」や「関係線」を用いることによって，わかりやすいように視覚的に描き出していく図式法である。関心事を中心に家族構造を符号であらわしていく家族図（ファミリーマップ），三世代以上の拡大家族を図式化した世代関係図または家族関係図（genogram），1975年にハートマン（Hartman, A.）が考案した，もっと広い社会資源などを含むエコマップ，クライエントを取り巻くケアを中心とした見取り図であるケアマップに用いられている。

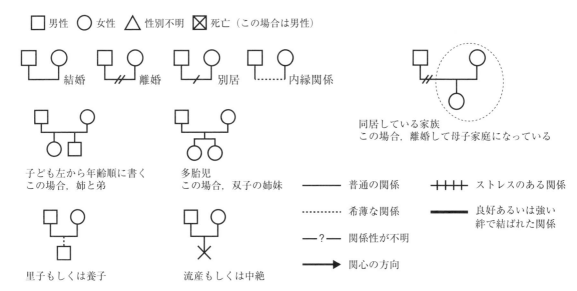

図4-2 ジェノグラムおよびエコマップに使用される記号

出所）山辺朗子『ワークブック 社会福祉援助技術演習② 個人とのソーシャルワーク』ミネルヴァ書房，2003年，p.37をもとに筆者作成。

事例：夫婦仲が良く，子どもに対して深い愛情のある仲の良い夫婦だが，日中母子で引きこもりがち。育児や家事に支援が必要なケース。ゴミの処理をめぐって近隣の住民とトラブルもある。保健センターの保健師が定期的に訪問するとともに，市の家庭児童相談室につなげている。

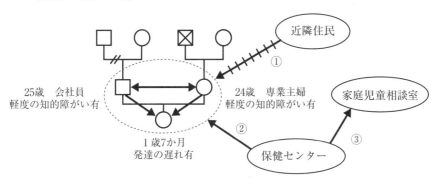

①ゴミ処理のことで苦情。
②定期的に保健師が訪問。子育て支援センター等の情報を提供しているが，母親は人が大勢いる場は苦手な様子。
③支援が必要なケースとして，家庭相談員に相談。
※年齢・就労状況・心身の状況など簡単な情報を書き加える。
　（年齢は□や○の記号内に記入することが多い。）
　図中に記入することがむずかしい場合は，番号を付け，空いているスペースに記入すると良い。

図4-3 ジェノグラム・エコマップの例

出所）この事例は数種の実例を組み合わせ筆者が創作したものである。

者を取り巻く環境のどの部分に働きかける必要があるのか，見定めていく（＝ニーズの明確化）。

　しかし，この分析やニーズの明確化は，あくまでも「この時点ではこのようなことが言えるのではないか」という仮説として理解した方がよい。そもそも

家庭児童相談室

　設置運営については，厚生省令として都道府県知事・指定都市・中核市の各市長に通達として出され，趣旨として下記の如くうたわれている。「家庭は児童育成の基盤であり，児童の人格形成にとってきわめて大きな影響を及ぼすものであるが，近年における社会の変動にともなう家庭生活の変化は，家庭における児童養育にも大きく影響し，これが児童の非行発生の要因ともなっている現状にかんがみ，とくに家庭における人間関係の健全化，および児童養育の適正化等家庭児童福祉の向上を図るための相談指導援助を充実強化するため，福祉事務所に，家庭児童相談室を設置できることとしたものである」。専門職員として，社会福祉主事や家庭相談員が配置され，虐待・不登校・離婚等の家庭問題全般の相談指導に当たり，児童委員とも連携して地域住民の利便も図っている。

人の行動や生活について「こういう背景があるからこうなのだ」と確定することはむずかしいものである。支援を実施してから新たな事実がわかることもある。その都度，修正できるよう，柔軟に考えることが大切である。

　また，これらの作業は，必要に応じてケースカンファレンス（case conference）を開くなど，援助チームで取り組むことが大切である。ひとりの援助者では視点が偏ったり，情報を見落としていることがある。複数で取り組むことで，視野が広がり，多角的な分析ができ，さまざまな仮説が生まれる。それらのなかから，現時点でもっとも可能性の高い仮説をもとに，支援計画を立てる。

（4）支援の計画（プランニング）

1）目標と達成期間

　まず，明確になったニーズについて，それが満たされた状況を思い浮かべ目標を設定する。加えて，多くの場合，その目標に至るための，小さな目標を複数設定する。目標を設定する際の留意点は，利用者の希望が反映されていること，達成可能なものであること，具体的であることである。

　それぞれの目標については，達成までの目安となる期間を決める。その際，緊急を要するものを優先するなど，取り組み順位も考える。

2）目標を達成するための方法と役割分担

　利用者や家族のストレングスを活かす，家族関係や地域との関係，すでに利用している社会資源との関係を強化する，あるいは改善する，新たな社会資源とつなげるなど，目標を達成するために実行可能なあらゆる方法を考え，検討する。必要な社会資源がその地域に存在しない場合は，新たな社会資源を創り出す必要があるが，時間がかかる場合は，当面の間の代替策についても考えなければならない。

　考え出された各方法については，誰が，いつ，どこでそれに取り組むのかを明確にする必要がある。「誰が」という部分には，利用者自身や家族も含まれる。利用者や家族を含め，援助に関わる関係者でケースカンファレンスを行い，役割分担について合意を得ることが大切である。

（5）支援の実施

　支援の実施とは，支援計画を実行に移すことであるが，援助チーム内で細やかな報告・連絡・相談をしながら進めることが望ましい。複数で支援していると，援助者間で支援内容にズレが生じる可能性があるからである。

（6）モニタリング

　援助者間でズレが生じないようにするためには，支援計画で示された方向性や進行状況を確認し合い，支援が適切に問題状況の改善に結びついているか，

継続的に点検していくこと（＝モニタリング）が必要である。

　支援が順調に進んでいない場合は，支援計画の見直しが求められる（再プランニング）。そのためには，もう一度利用者の状況についてアセスメントし直す必要がある（再アセスメント）。予期せぬ妊娠等，支援結果以外の変化によって，新たな問題・課題が出現することもあるが，その場合も同様に新しい状況をアセスメントし，新たなプランニングを行う。

　なお，モニタリングの際にも，マッピング技法が活用できる。エコマップを作成し，アセスメント時のエコマップと比較することで，状況の変化が視覚的にとらえやすくなる。図4－3で取り上げた事例のモニタリング結果を図4－4に示した。図4－3と比較して，変化している部分を確認して欲しい。

（7）終　結
1）終結の条件と評価

　相談援助は，以下の3点の条件が整うと，終結となる。

　1点目は，支援計画の目標が，すべてが達成できた。あるいは，一部未達成の目標があるが，将来的に達成される見通しがついていることである。

　2点目は，相談援助の全過程において，利用者が可能な限り自分で考え判断し，行動した結果，目標が達成された。その経験を通して，利用者が，今後同様の問題に直面しても，社会資源を活用しつつ，自分なりに解決に向けて動き出せるという自信と，そのための方法を身につけていることである。

　3点目は，1点目と2点目について，利用者と援助者の見方が一致していることである。

　終結の時期が近づいてきたと感じたら，援助者は，以上の3点について，利用者とともに振り返り，評価していく。

2）利用者の気持ちの受容とアフターケア

　終結が近づくと，利用者は，問題解決の喜びと同時に，援助関係が終了することへの不安をもつことがある。援助者は，そのような利用者の気持ちを受容しながら，達成できたこと，利用者の成長といったプラス面に焦点を当てて評価を進める。また，未達成の目標や将来的に予測できる問題・課題については，その対処方法を具体的に利用者と話し合っておく。そして，今後も，気になることがあれば，いつでも相談できることを伝え，利用者が納得し，安心して終結できるよう，最後までていねいに相談を続け，終えることが大切である。

　同時に，終結後の支援・見守り（＝アフターケア）についても準備しておく必要がある。利用者の生活は，終結後も不安定になることがある。問題の再発予防のためにも，利用者の生活圏において見守り体制を構築しなければならない。相談援助過程で形成された援助チームが，そのまま見守り体制として地域のなかに定着するよう心掛けたい。

エコマップ（ecomap）

　生態学の視点を導入して創られた生態地図。ハートマン（Hartman, Ann）が社会福祉実践用として1975年に考案した。クライエント（福祉サービス利用者）とクライエントをとりまく環境との複雑な関係を円や線を使って図式化して表現する方法。クライエントを含めた家族や個人の人間関係や社会関係を簡潔に把握し，社会資源の活用や援助的介入の方法を組み立てていくうえで大きな役割を担っている。援助活動の記録や事例研究，スーパービジョンなどで活用されるだけでなく，クライエントがエコマップを描くことによって，自らの状況を社会環境との関わりのなかでとらえることができるため，面接の道具として活用される。

アフターケア（after care）

　児童養護施設などの児童福祉施設を退所した児童の家庭生活の安定および自立の支援を行うことをいう。2004年の児童福祉法改正により，乳児院，母子生活支援施設，児童養護施設，情緒障害児短期治療施設および児童自立支援施設について，施設の業務として退所した者への相談その他の援助を行うこと（アフターケア）が明確にされた。新しく施設入所直後に行うアドミッションケア（admission care），施設入所中に行う生活支援のインケア（in care）の後に続くものである。リービングケア（leaving care）はインケアとアフターケアを分断してとらえるのではなく両側面を含めたケアのことである。なお，労災保険でも対象は異なるがアフターケアという語が用いられている。

家庭児童相談室の家庭相談員がボランティアセンターを通じて，育児・家事援助のボランティア派遣を実施している。近隣住民とのトラブルは，民生児童委員の仲介により，改善した。また，家庭相談員も父母と面接し，保健師，民生児童委員，ボランティアと連携して，今後必要な支援について相談を進めている。

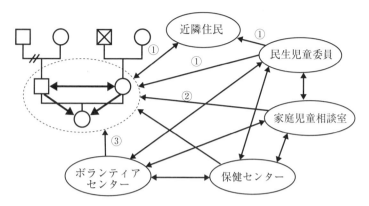

①民生児童委員の仲介により関係改善。
②父母と面接。今後の支援について相談。
③育児・家事援助のボランティアを派遣。２名交替で週３回訪問。
※家族の年齢等については，変化が無いので省いている。

図４－４　図４－３事例のモニタリング時のジェノグラム・エコマップ

４　相談援助とアウトリーチの技術

（１）相談援助とアウトリーチ

　すでに述べたように，相談援助は自ら相談に来る人びとを待っているのではなく，援助者自身が地域に出向いて積極的にケースを発見しなければならない。これをアウトリーチという。

　児童家庭福祉分野におけるアウトリーチには，援助者が，子どものいる家庭へ出向いていく形と，子どもと保護者の集まる場所に出向いていく形がある。

　前者の例として，乳児家庭全戸訪問事業があげられる。この事業は，４か月までの赤ちゃんがいる家庭すべてを訪問するもので，支援の必要な親子を早期に発見し，支援につなげることが期待されている。

　後者の例としては，保育所の子育て支援担当の保育士，家庭児童相談室の家庭相談員等が，乳幼児健診実施日に保健センターに出向き，手遊びや絵本の読み聞かせ，子育て支援の情報提供等を通じて親子と関わり，必要に応じて相談につなげるといった取り組みがあげられる。

　加えて，保育の場で，日々子どもや保護者に関わる保育士が，その強みを生かして，子どもと保護者のニーズに気づき，タイミングよく適切に声をかけ，相談のきっかけづくりをすることもアウトリーチとして期待されている。

　以下，その期待に応えるために，保育士にはどのような技術が求められているか，述べていく。

アウトリーチ（Outreach）

　手を差し伸べること，より遠くに達することを意味し，近年では，社会福祉の分野で，地域社会に出向いて，ケアやサービスを行ったり，公共機関が現場出張サービスをすることに用いられたりしている。また，研究開発を行う機関が，一般社会に向けて教育普及啓発活動を行うこともいう。

乳児家庭全戸訪問事業

　児童福祉法第６条の３第４項に基づいて実施されている，「一の市町村の区域内における原則として全ての乳児のいる家庭を訪問することにより，厚生労働省令で定めるところにより，子育てに関する情報の提供並びに乳児及びその保護者の心身の状況及び養育環境の把握を行うほか，養育についての相談に応じ，助言その他の援助を行う事業」である。虐待される乳児のうち生後４か月までの死亡率が高いことから，生後４か月になるまでに訪問することになっている。訪問者は，保健師，保育士，児童委員，母子保健推進員，子育て経験者など，地域によってさまざまである。

（2）保育士に期待されるアウトリーチの技術

1）保育士の「気になる」から始めるアウトリーチ

　保育現場では，以前から，「気になる」という言葉が使われている。保護者や子どもの最近の変化が「気になる」，保育のなかでの子どもの言動が「気になる」，保護者の子どもに対する発言や関わり方，保護者といる時の子どもの様子が「気になる」等，さまざまな「気になる」がある。これらの「気になる」は，支援を必要とする子どもと保護者の無意識のシグナルに気づいたということであり，アウトリーチにつながる重要な感覚である。

　しかし，「気になる」点はないか，と探すような態度では，子どもや保護者が監視されているように感じてしまう。日常的な自然なかかわりのなかで，子どもや保護者のストレングスも含め，さまざまなことに気づく力が求められる。

　その力のベースには，子どもの発達に関する専門的知識と，多くの子どもたちと実際に関わってきた経験が必要である。その知識や経験と照らし合わせて違和感を感じる時，「気になる」という感覚が生まれる。また，保護者からの苦情という形で発信されるシグナルもあり，それを単なる「困ったこと」で終わらせず，その背後の「声」を聴くという意識も必要である。

　「気になった」ことについては，それが本当に「気にしなければならないこと」なのか検証することも大切である。ひとりの保育士が「気になる」ことがすべて，相談援助の対象となるわけではない。保育士自身の子ども観や保護者観，子育て観が，目の前の子どもや保護者を「気になる」存在にしているのかもしれない。また，子どもや保護者は，場面によってさまざまな様子をみせる。ひとりの保育士では，その一部分しかみていないかもしれない。保育の場には，複数の保育士や他職種の職員がいる。自分が「気になる」点が他の職員からみても「気になる」のか，異なる視点から話し合わなければならない。そして，その「気になる」は具体的に何を意味しているのか，明確にすることも大切である。

2）子どもや保護者との関係づくりから始めるアウトリーチ

　保護者はもちろん，子どもであっても，人をよく観ており，相手によって話す内容やみせる様子が異なる。安心や信頼を感じられる関係ができていると，ちょっとした遊びや雑談のなかで，思わず漏らす言葉，見せる表情がある。これらもまた，支援を求めるシグナルの可能性がある。その瞬間を逃さずに働きかけていくことで，子どもや保護者の思いを引き出すことができる。

　つまり，相談援助のきっかけにつながるシグナルをより多くみつけるためには，子どもや保護者がシグナルを出しやすい関係づくりが必要だということである。

　バイステックの7原則は，人とよい関係を築き上げていくための基本的態度であるから，日頃からあらゆる保育場面で，これを意識して子どもや保護者と

関わるとよい。また，保育士には，子どもを護り育てる環境を構成する技術がある。それに加え，保護者もほっとできる雰囲気，ちょっとした気遣いがみえる環境づくりをすることで，間接的に関係づくりができることを覚えておくとよい。

3）ネットワークづくりから始めるアウトリーチ

ネットワークのネットとは網のことである。ネットワークに参加する個人や団体をそれぞれ線で結んでいくと，網の目ができる。網の目が粗いとその間からこぼれ落ちていくものが多くなるが，逆に細かくしていくと引っかかって網の上に残るものが多くなる。つまり，地域のさまざまな人びとがきめ細かくつながることで，支援の必要な人びとが見落とされにくくなるのである。また，関係が築きにくく，アプローチが困難な人もいるが，多様な人びとで構成されるネットワークにおいては，ひとりぐらいはアプローチのきっかけを作れる人がみつかる。その人を突破口としてアウトリーチしていくことができる。

しかし，ネットワークが有効に機能するまでには，長い時間がかかる。ネットワーク内に多様な人びとが存在するほど，互いの立場や役割，考え方が十分理解できず，意思疎通に多くの労力を割くことになるからである。

ネットワークを形成する一員としての保育士に求められることは，相談援助のなかで作られた援助チームの関係を維持するとともに，普段の保育業務を通してできたつながりを大切にすることである。地域の高齢者や学生ボランティアの受け入れ，地元農家との協力による食育，散歩コース上にある商店街や公園で出会う人びととのふれあいなど，身の回りを見渡せばさまざまな人びととの出会いがあるはずである。その出会いの地道な積み重ねがネットワークとなることを覚えておかなければならない。

注

1）　ユニセフホームページ（http://www.unicef.or.jp/about_unicef/about_rig.html，2016年8月24日アクセス）
2）　森岡清美・望月嵩『新しい家族社会学 4訂版』培風館，1997年

参考文献

柏女霊峰監修『保育者支援スキルアップ講座』ひかりのくに，2010年
厚生労働省『保育所保育士指針解説書』2008年
児童育成協会監修『相談援助』中央法規，2015年
田中利則・小野澤昇・大塚良一編著『子どもの生活を支える　相談援助』ミネルヴァ書房，2015年
成清美治・加納光子編集代表『現代社会福祉用語の基礎知識　第12版』学文社，2015年
古川繁子編著『相談援助ワークブック』学文社，2014年
星野政明編集代表『子ども家庭のウェルビーイング』金芳堂，2011年
和田光一監修『保育の今を問う　相談援助』ミネルヴァ書房，2014年

プロムナード

「きょうだい」へのアウトリーチ

　ここでいう「きょうだい」は，障がいのある子どもや難病の子どもの兄弟・姉妹のことです。保護者はどうしても障がい等のある子どもを中心に生活を進めてしまいがちになります。その結果，「きょうだい」はさまざまなことを我慢しています。親にもっと甘えたい，自分を見て欲しい，という欲求。周囲の無理解や偏見による悩み・悔しい思い。保護者に伝えたくても，保護者の姿をみていると，これ以上負担や心配をかけてはいけない，と我慢してしまいます。あるいは，保護者からの期待を感じ取って，自分がしっかりしなければ，頑張らなければ，と思ってしまっている「きょうだい」もいます。一方で，保護者も「きょうだい」のことを気にしつつも，後回しにせざるをえないことで悩んでいます。

　援助者は，見逃されがちな「きょうだい」と保護者の関係にも積極的に目を向け，そのニーズに気づく必要があります。保育の場に「きょうだい」がいる場合，保育士はそのサインに気づきやすい立場にあります。「きょうだい」の思いを受けとめ，保護者に伝えたり，可能であれば障がい等のある子どもを預かり，保護者と「きょうだい」との時間を作るなど，「きょうだい」も視野に入れた支援が求められます。

学びを深めるために

増沢高『事例で学ぶ　社会的養護児童のアセスメント─子どもの視点で考え，適切な支援を見出すために』明石書店，2011 年

　児童養護施設におけるアセスメントについて具体的に取り上げた本です。保育や養護という日常的な関わりのなかで，子どもの状態やその背景をとらえていくための視点や方法が詳しく学べます。

第 **5** 章

相談援助のアプローチ

1　**心理社会的アプローチ**

（1）心理社会的アプローチを支える人間観

　ソーシャルワーク成立期において，人と環境を用いてその枠組みを示したのがリッチモンド（Richmond, M. E.）であった。その後，ハミルトン（Hamilton, G.）やトール（Towle, C.）によって引き継がれ，診断主義と呼ばれるようになった。この流れを受けて成立したのが，ホリス（Hollis, F.）によって開発された心理社会的アプローチである。

　ホリスによって 1964 年に『ケースワーク―心理社会療法』（*Casework: A Psychosocial Therapy*）が著され，その後も時代の変化に合わせながら改訂を重ねて，理論的に構築された。その基盤となる基本的人間観は，生活課題を抱えたクライエントとクライエントを取り巻く状況，そしてその両者による相互作用からとらえる「状況内存在としての人（person-in-his-situation）」という視点にある。こうした人間観により，クライエントのパーソナリティに影響を与えた生育歴や生活歴とともに，クライエントを取り巻く家族をはじめとする社会環境に着目したのである。

> **状況内存在としての人**
> **(person-in-his-situation)**
> ホリスは，心理社会療法の中核的概念として「人と状況の全体関連性」(person-situation configuration) を示し，人は，ある状況のなかに巻き込まれるなかで問題を抱えていると考えた。

（2）心理社会的アプローチにおける技法の分類

1）直接療法

持続的支持

　援助者がクライエントに対して受容的な構えによって情緒的に支え，援助関係を形成していくための基本的なコミュニケーションスキルである。クライエントに信頼の姿勢を示す技法であり，傾聴や受容，再保証，激励，具体的サービスを提供することにより精神的に支える愛情の贈り物といった手段がとられる。

直接的支持

　援助者が意見や態度を表明することにより，クライエントの行動を直接的に促進したり，一時的に抑制したりするためのコミュニケーション技法である。賛意，示唆，助言，主張，直接的介入などの手段がある。

探索および浄化法

　クライエントが置かれている状況について，事実をたどりながら述べていく（探索）と同時に，その状況にまつわる感情を言語化し表出することによりカタルシス（感情の解放）を図る技法である。焦点づけや部分化，話題の転換などの手段がある。

人と状況の全体関連性の反省的話し合い

　心理社会療法の中核を成し，クライエントの状況に対する応答の仕方や，状況と応答による相互作用のあり方について，反省的に話し合う技法である。そ

の状況をロールプレイ（役割演技法）により気づきを促す手段がとられることもある。

パーソナリティの反省的話し合い

これまでの技法とともに用いられ，クライエント自身のパーソナリティや行動の特徴や傾向について反省的に話し合い，他の技法よりも深いレベルでの明確化を目指す技法である。

幼児期の発生的考察

クライエントの幼少期の生活体験が，現在の応答の仕方や傾向にどのような影響を及ぼしているのか，反省的な話し合いを行う技法である。

2）間接療法

環境調整

クライエントに密接なかかわりがある，人的環境および物的環境に働きかける技法である。とりわけ，人的環境に焦点を当てて関係を調整するために用いられる。

この場合，直接療法とほぼ同様の技法が用いられ，持続的支持，直接的支持，探索および浄化法，人と状況の全体関連性の反省的話し合い，といった技法が使用される。また，環境調整に当たっては，具体的な福祉サービスを効果的に活用する。

（3）保育における相談援助と心理社会的アプローチ

心理社会的アプローチは，診断主義学派から発展してきたアプローチであるため，精神分析理論の影響を受けている。このため，臨床的側面が強いアプローチである。

したがって，精神医学や家族臨床の領域で用いられた時代が長かったが，近年では，複数の事例分析から，適用範囲が拡大している。そのなかには，子どもや家族状況，学校を取り巻く環境にも大きな影響を及ぼす，貧困，非行，自殺，アルコール依存，薬物依存などが含まれており，子どもの養護を実践していくうえで直面する，課題の多様性に応えるだけの可能性がある。

2　機能的アプローチ

（1）機能的アプローチとランクの意志療法

機能的アプローチは，タフト（Taft, J.）やロビンソン（Robinson, V. P.）らによって，1930年代に構築された方法である。理論的基盤は，ランク（Rank, O.）が開発した意志療法（will therapy）にある。

ランクは，当初，精神分析理論を構築したフロイト（Freud, S.）に師事していたが，幼少期の体験（過去）がパーソナリティの形成において決定的な影響

ロールプレイ（role play：役割演技法）

モレノ（Moleno,J.L.）が創始した心理劇に始まり，さまざまな役割を演じることにより，多面的に物事をとらえ，問題解決につなげていこうとする方法である。

精神分析理論

人間の精神内界の解明を試みたフロイト（Freud,S.）が創始した，精神的治療技法の根拠となる理論である。無意識の領域に光を当て，過去の原体験が現在に与える影響について考察した。

ランク（Rank, O.）

ランクの考え方は，ソーシャルワークの理論化をはじめ，ロジャース（Rogers, C. R.）のクライエント中心理論にも大きな影響を与えている。ランクの考え方の源には，「出産外傷説」がある。個としての独立を願いながらも，依存することによって他者とつながり合っていたいという欲求を本質的にもっているのが人間であり，これが葛藤を引き起こすと考えた。代表的なのは，出産時に母から分離していく体験であり，不安を抱えながらも誕生していくこの体験を，未来への意志の力としてランクはとらえている。

をもたらすという考え方を受け入れることができなくなり，袂を分かつことになる。黒川昭登（1985）によるとランクは，「治療は，患者の意志の主張を助け，患者の創造性，独自性を助長促進するように構成しなければならないと主張し，治療法としての精神分析のもつ権威主義的性格（分析医は患者に対して厳父となる）を否定するようになった」[1] という。

ランクはこうして，人間の創造的な意志の力に目を向けるようになったのである。そして，意志を引き出すことを可能にする援助関係を通して，クライエントは成長すると考えたのである。

この考え方に基づき，機能的アプローチは発展し，1960 年代に入って，スモーリー（Smalley, R. E.）によって洗練され，確立された。

（2）機能的アプローチの特徴

スモーリーがまとめた機能的アプローチの特徴は，わが国における文献でも多数紹介されており，対立していた診断主義学派との対比で取り上げられることが多い。それは次の 3 点である。

1）人間の本質への理解

人間を未来に向けて成長していく，変化する主体としてとらえる。過去の体験の，現在への影響を重視した診断主義学派との大きな違いである。援助者は，クライエント自身がもっている成長する力を引き出し，自ら選択していく過程にかかわる，側面から援助する存在である。

2）ソーシャルワークの目的への理解

診断主義学派の目標は，クライエントがパーソナリティを健康的に成長させることと，健全な社会的状況に置かれることにある。これに対して機能的アプローチは，ソーシャルワークは援助を実施する機関の全体的な目標の，部分的かつ具体的なものであると考える。したがって，援助者の実践は，機能的アプローチの鍵概念である「機関の機能」という制約のなかで，方向づけられる。

3）過程の概念への理解

診断派は，「インテーク—調査—診断—処遇」という援助者を主体とした一連の流れを描くが，機能的アプローチは，ソーシャルワークを「援助の過程」としてとらえている。この過程は，「開始期—中間期—終結期」として表される。その機関が提供する援助の範囲において，クライエントができることを援助者がともに見出そうとする過程として考える。終結期の役割は重要で，機関の機能という限界と時間的制約を設けることが，クライエントが自ら課題解決の糸口をつかむために必要であると考えたのである。

（3）保育における相談援助と機能的アプローチ

機関の機能を重視するという考え方は，その機関や施設が社会的に必要とさ

機関の機能

タフト（Taft, J.）が，1937 年に発表した論文のなかで明らかにした概念である。ソーシャルワーク実践は，クライエントの意志の力に働きかけて，クライエント自らが「機関の機能」を活用することができるよう支援する，とした。

れる意義に対する示唆に富んでいる。保育において相談援助が展開される場は，児童福祉施設をはじめとして，子どもの福祉に関連する関係諸機関である。

　保育士は，所属する機関や施設の機能を代表する援助者として，その一翼を担っている。したがって，その機関や施設が提供するサービスの特質をよく理解しておかなければならない。そのうえで，子どもや保護者に備わっている潜在的な可能性を信頼し，適切な援助関係を構築することが必要なのである。

　保護者に対する保育相談支援において，たとえば，保育士の専門性を活用し，保育所の特性を生かした保育相談支援に目が向けられている。このことは，保育における機関の機能の一例だといえる。

3　問題解決アプローチ

(1) 問題解決アプローチの背景となる基礎理論

　問題解決アプローチは，パールマン（Perlman, H. H.）というひとりの独創的な実践家によって確立されたアプローチである。パールマンは，機能主義学派の立場に立ちつつ，診断主義学派と機能主義学派を折衷し，それぞれの利点に活路を見出した。

　そして著されたのが，『ケースワーク—問題解決の過程』（*Social Casework: A Problem-solving Process*）（1957）である。パールマンはその基礎となる理論的基盤を，主として次の3点に求めている。

1) 自我心理学における自我の概念

　自我心理学のなかでも，パールマンがとくに影響を受けたのはエリクソン（Erikson, E. H.）とホワイト（White, R.）である。たとえ内面に葛藤が存在していたとしても，建設的に処理しようとする自我の調整機能に着目している。

2) デューイの経験主義的思考法

　パールマンの「問題解決」という視点は，デューイ（Dewey, J.）の経験主義による学習法から相当の影響を受けている。学習者を学びの主体的存在としてとらえ，学習者自ら創造的な体験のなかで多くを学び，体験を反省的に振り返ることによって経験として深化させていく学習過程を重視している。

3) 社会学における役割理論

　さらにパールマンは，役割はクライエントがパーソナリティを表現する手段であると考える。「役割を遂行するうえで問題をもつ人」を理解し，「働きかけるべき問題」に対して援助者が実践する活動がソーシャルワークなのである。

(2) 問題解決アプローチの特徴

　パールマンはケースワークを「問題解決の過程」としてとらえており，次の点を理解しておく必要がある。

保育相談支援
　児童福祉法第18条の4で保育士の業務とされる「専門的知識及び技術をもって，児童の保育及び児童の保護者に対する保育に関する指導」のうち，「保護者に対する保育に関する指導」（保育指導）を具体化したものである。保育士養成課程の科目名称になっている。

自我心理学
　人間の内面の動きと外的環境を調整し，適応させていく自我の機能について，心理学的探究を行う。

1）問題解決の過程を支える基礎概念

パールマンの理論は，ソーシャルワーク（ケースワーク）を構成する 4 つの基礎概念によって説明される。「4 つの P」と呼ばれる，「人」（person），「問題」（problem），「場所」（place），「過程」（process）がそれである。これを基礎として，1986 年に「援助者」（professional person），「制度」（provisions）を加え，「6 つの P」とされた。

ある解決すべき問題（problem）を抱えたクライエント（person）は，援助者（professional person）との出会いにおいて，役割を期待され，役割を遂行することによって，変化し続ける存在であるととらえる。援助者が所属する機関や施設（place）において行われる，この相談援助活動とは，クライエントと援助者が問題解決に向けてともに歩む過程（process）である。相談援助の場は，さまざまな社会資源や制度（provisions）を活用しながら支援が行われるとしても，クライエントと援助者の人格的接触によって築かれる「関係」を媒介として展開される。

2）ワーカビリティ（workability）

問題解決アプローチでは，ワーカビリティと呼ばれる，問題解決に取り組むクライエントに備わる力を高めることが重要とされる。ソーシャルワークによって解決しようとする問題は，問題解決に向けての「動機づけ」（motivation），問題解決のために必要な情緒的・知的・身体的な「能力」（capacity），問題に対処するための「機会」（opportunity）のいずれかの不在によって生じたものであると考える。

すなわち，これら 3 点が，問題解決という役割を遂行するうえで，クライエントに必要な力であり，実践の焦点はこれを強化することに置かれる。

3）介入の部分化

援助活動の導入当初は，クライエントの自我の機能が弱まっている可能性が高い。そこで，問題を小分けにして，弱まった自我機能でも対処できるようにし，自我への負担を抑えながら成功体験を積み上げていくのである。このことにより，自我の強化を目指す方法をとる。

そのために必要なことはまず，クライエントのワーカビリティをアセスメントし，問題解決に臨む力を知ることである。そのうえで，問題のある側面に集中するため小分けされた部分に対する，取り組みやすい達成課題を設定する。この課題に対して，自らの力を駆使して試行錯誤しながらリハーサルを繰り返す体験により，クライエントの問題解決能力を高めようとしている。

（3）保育における相談援助と問題解決アプローチ

子どもや保護者を支援するとき，私たちはどのような視点をもつべきか問題解決アプローチは教えてくれる。保育の場で相談援助が展開されるとして，私

たちがもつべき視点は次の通りである。

「人」は，ある解決すべき「問題」を担っている子どもや保護者である。その問題とは，子育てに関わる問題であるかもしれないし，貧困や夫婦の不和といった生活の根幹を揺るがす問題であるかもしれない。児童福祉施設や関係諸機関といった，ある「場所」に従事する保育士は，子どもや保護者自身に関連するさまざまな問題に直面する「援助者」である。保育士は，子どもや保護者のワーカビリティおよび問題の性質についてアセスメントを行うことになる。なぜならば，これにより援助の「過程」が変容するからである。問題の性質によって，「制度」を効果的に活用していかなければならない。そして，問題は部分化することによって，子どもや保護者に安心感を与え，段階的に達成することを可能にする。

4 課題中心アプローチ

(1) 課題中心アプローチの特徴

課題中心アプローチは，1970年代に，リード（Reid, W. J.）とエプスタイン（Epstein, L.）らにより構築された。系統立って作り上げられた具体的な計画に基づき実践され，短期間で効果をあげることを目指した方法が課題中心アプローチである。リードは，「計画的な短期性」という概念を使用して，このアプローチを特徴づけている。

従来の援助方法では，援助活動が長期にわたるケースも多くみられた。にもかかわらず，思うような効果がえられなかった時の援助者の失意，クライエント自身が意欲を低下させるといった指摘もあった。ソーシャルワークを取り巻くこのような事情も背景となり，課題中心アプローチは開発された。

さまざまなアプローチの影響を受けているが，とくに，心理社会的アプローチ，問題解決アプローチ，行動変容アプローチは，課題中心アプローチの成立過程において大きな影響を与えている。

(2) 課題中心アプローチの方法

1）課題中心アプローチが対象とする問題

課題中心アプローチでは，個人や家族，小集団が日常生活で体験するさまざまな問題を対象としており，相談内容を表5－1のように7つに分類している。

2）課題中心アプローチの原則

課題中心アプローチでは，クライエントが解決したいと考える問題をクライエントと援助者が協働して具体的に設定し，ともに解決方法を検討しながら，短期で達成できる課題を設定する。したがって，課題中心アプローチには，3つの原則がある。①「クライエントが認める問題である」こと，②「クライ

表5－1　課題中心アプローチにおける対象問題の分類
(Reid & Epstein, 1972：芝野, 1986)

対象問題の分類	内　　　容
1. 対人関係における葛藤	人と人の交わり（交互作用）の中で生ずる摩擦であり，たとえば，親と子，夫婦などの間で生じる葛藤
2. 社会関係上の不満	人との関係で孤独に感じたり，他人に対して依存し過ぎたり，あるいは積極性に欠けるといった，人との付き合いの中で感じる悩みや不満
3. フォーマルな組織との問題	福祉のサービス機関や病院，学校などフォーマルな機関とのかかわりの中で生じるいろいろなトラブル
4. 役割遂行に伴う困難	課せられた社会的役割，たとえば，会社の中での役職であるとか，学生としての役割といったいろいろな役割を遂行する困難
5. 社会的な過渡上の問題	社会的状況が変化することによって生じるもので，たとえば，何らかの事情で家族と別れ見知らぬ土地で暮らさなければならないとか，新しい職責につくといった場合に生じる困難
6. 反応性の情緒的苦悩	あるできごとがきっかけとなって生じる不安や抑うつ状態，たとえば，夫を突然失い極度に落ち込むというような場合
7. 資源の欠如	経済的な問題，住む場所がない，医学的治療を受けることができないといった必要な資源が不足している場合

出所）芝野松次郎「課題中心ソーシャルワーク」久保紘章・副田あけみ編著『ソーシャルワークの実践モデル―心理社会的アプローチからナラティブまで』川島書店，2005年，p.100

エント自らの努力により解決できる問題である」こと，③「利用者にとって具体的な問題である」こと，がそれである。

　そして，クライエントが意識的にとらえることができ，自らのことばで表すことのできる問題を対象としていることを基本とする。抽象的な表現になる場合は，身近な事例をあげてもらいながら検討していくことになる。

3）課題中心アプローチの展開

　短期での課題解決を目的としたアプローチであるため，2ヵ月～4ヵ月の間で8～12回の面接が行われる。開始期の面接では，クライエントと援助者との間で目標とする課題について話し合い，合意形成を行う。契約段階において，課題を設定し，誰が，いつまでに，何をするか，を明確にするのである。着実に達成できる課題を検討し，段階的に小分けした課題を設定していく。

　芝野松次郎（2005）は，エプスタインが述べる，課題の遂行を確かなものにするためのガイドラインを取り上げ，そのうちとくに重要な点を次の7点にまとめている[2]。

　①十分な話し合いと情報の提供によりクライエントの納得と合意をえること。

　②課題を遂行することがクライエントにとって意味のあることであると感じられるようにすること。

　③課題を遂行するさいの障害をあらかじめ予測し，できるだけ不安を取り除いておくこと。

　④できるだけ具体的にわかりやすく，何を，いつ，誰と，どうするかを示すこと。

⑤ 課題を遂行するのに必要な資源を見出し，利用できるように援助すること。

⑥ ロールプレイやシミュレーションなどをすることによって，クライエントをガイドしながら課題実行のための技術を訓練すること。

⑦ 定期的にクライエントの課題遂行状況を確認し，よい点は評価し，課題遂行の障害となっているところは話し合い，分析する。困難が生じた場合には，落ち着かせ，少しペースを緩め，ワーカーと相談しながら進むことを促す。

(3) 保育における相談援助と課題中心アプローチ

課題中心アプローチは，短期間で課題解決に取り組むためのフレームを示しており，設定された課題に対して有用なアプローチを組み合わせながら課題遂行を目指している。このため，課題中心アプローチは，リードとエプスタインが所属するシカゴ大学をはじめ，多くの研究や実践の現場において，長年，実証研究が行われてきた。その結果，子ども家庭福祉，家族，学校，医療，裁判所等，広範囲での適用が報告されている。

どの程度，問題を問題として意識しているかが，このアプローチの効果を左右する。その点，グループ援助の場で有効な方法として活用される。保育の場は，グループを活用した援助が期待される。共通する目標に対して，各メンバーがそれぞれの課題を設定し，課題達成に向けて主体性かつ協働性を築くなかで，成長が図られる。

5 危機介入アプローチ

(1) 危機介入アプローチの特徴

リンデマン（Lindemann, E.）が行った火災遺族の心理的支援に関する研究に始まり，キャプラン（Caplan, G.）らとの共同研究により 1940 年代から 1960 年代に構築された「危機理論」が根底にある。その後，アギュララ（Aguilera,D. C.）は，リンデマンやキャプランの説をふまえ，危機に陥る過程についてさらに詳細な考察を加えている。

危機理論では，災害により犠牲となった人びとの遺族や友人を始めとする関係者の悲嘆に関する研究から，自らの力では対処困難な事態に突如直面した際に生じる，身体的・心理的・社会的バランスを崩した状態を「危機」としてとらえている。

危機には，予測可能な発達にともなう危機（developmental crises）と予測することが不可能な突発的な状況によってもたらされる危機（situational crises）がある。

前者は，人生の歩みのなかで誰もが体験する可能性がある危機を意味する。

人は生まれてから，幼年期，学童期，思春期，青年期，壮年期，高齢期と，発達過程を段階的に経験していくことになるわけだが，その過程において経験する，受験や入学，結婚や出産，就職や退職などはたとえ予期することができたとしても一定のストレスをともなうものである。受けとめ方や体験の仕方は人それぞれであるため，対処するだけの構えができていなかった場合，危機となる。

後者は，予測することができない，準備が整っていないなかで経験する危機である。重症の病気や近親者との死別，事故や災害等がこれに当たる。また，障害のある子どもを出産した場合も，同様の経験と考えられる。

（2）危機介入アプローチの方法

ゴーラン（Golan, N.）は，危機状態を構成する一連の要素の分析から，初回面接の進め方について表5－2のようなモデルを示している。危機に直面した個人や家族の心理的側面に目を向けたアプローチや，危機への対処能力を高める，社会資源の活用により危機を回避する，といったことにより，危機状態からの回復を図る。

表5－2　初回面接のモデル（ゴーラン）

1　危機状況に直接焦点をあてる。 　（1）促進要因の確認 　（2）クライエントの現在の状況を確認する。 　（3）元になっているできごととその後続いて起こったできごとを識別する。 　（4）個人の主観的反応と問題への取り組み方を確認する。 2　危機の認知を刺激する。 　（1）現況を話させ，喪失感，罪悪感，恐怖，不安などの感情を吐露させて，悲嘆作業を遂行させる。 　（2）現況の主観的意味，クライエントの闘っている特定の問題，以前の葛藤との結びつきを明らかにする。 3　危機状況を部分化し，焦点づける。 　（1）クライエントの提示する問題と要求を明確にする。 　（2）ワーカーの現況についての評価を述べる。 　（3）一致して取り組むべき問題，当面の目標を確認する。 4　介入の開始 　（1）課題を設定し，期間を限定する。 　（2）役割網における重要な人物を参加させる。 　（3）地域社会資源の積極的な活用および移送計画。 5　意図的な終結（オープン・ドア）をはかる。

出所）荒川義子「危機介入」武田建・荒川義子編『臨床ケースワーク─クライエント援助の理論と方法』川島書店，1986年，p.109

（3）保育における相談援助と危機介入アプローチ

子育てに不安を感じるようになり子ども虐待へと向かう可能性がある時，わが子に障害があるということを医師から告げられた時，家族の生活基盤を揺るがす失業や離婚等の状況が発生した時，自らの感情をうまく受けとめられない場合，それは危機となる。危機介入では，まず感情に焦点を当てて悲嘆の作業と呼ばれる危機によって引き起こされた感情を処理するための介入が行われる。

> **悲嘆の作業**
> 深い悲しみによる心理過程を解明し，立ち直るために必要な作業のことをいう。「グリーフワーク」（glief work）あるいは「グリーフケア」（glief care）とも呼ばれる。

思えば，人生は危機の連続である。保育者が，子どもや保護者が経験する危機に向き合いながら支援を展開していくことは十分考えられる。その時，危機のもつ意味を理解し，ともに危機の回復過程を歩む保育者の存在は支えとなる。

■6 行動変容アプローチ

（1）行動変容アプローチと学習の概念

伝統的なケースワークは，面接を主体とし，言語を媒介としてクライエント自身の気づきを求める方法であった。しかしながら，それだけではクライエントが抱える現実問題への対処が困難であると，ケースワークが批判される時期があった。そこで，クライエントの気持ちや行動を理解するだけではなく，行動の変化を引き起こすことが必要であるとして，実験・実証により積み上げられた学習理論を背景として構築されたのが，行動変容アプローチである。

行動変容アプローチに関連する基盤となる理論は，次の通りである。

1）レスポンデント条件づけ（古典的条件づけ）

ロシアの生理学者であるパブロフ（Pavlov, I. P.）は，犬に餌を与えると同時に，メトロノームの音を聞かせる実験を繰り返した。すると，やがて犬はメトロノームの音を聞いただけで唾液を出すようになる。犬に餌を与える「無条件刺激」により，唾液が出る「無条件反応」という生理的な反応が起こる。メトロノームの音は，唾液が出るという反応と無関係の「中性刺激」だが，繰り返し餌とメトロノームの音を同時に与えることにより，唾液という反応と関係がなかったメトロノームの音だけでも唾液が出るという「条件反応」が起こる。

本来無関係である刺激がある反応を引き起こすという，学習による条件づけの考え方を活用して行動を修正していく。

2）オペラント条件づけ

アメリカの心理学者であるソーンダイク（Thorndike, E.）やスキナー（Skinner, B. F.）が仕掛けを施した箱を考案し，動物の反応を観察する実験を行ったことで知られる。

なかでもスキナーの実験が有名である。30 センチ四方の箱のなかに空腹のネズミを入れ，箱のなかにあるレバーを押すと餌が出てくる実験装置が用いられた。レバーを押すことで餌が出てくるという，ネズミにとって満足をえることができる偶発的な行動は，繰り返されることで，やがて自発的な行動につながる。行動の結果得られる満足（強化子）を活用し，行動が発生する頻度を高めていく（強化）ことをオペラント条件づけと呼んでいる。

3）社会的学習理論と認知理論

バンデューラ（Bandura, A.）の社会的学習理論は，他者の行為を観察・模倣することによって学習することが可能という見解を示した。ロールプレイ（role

> **レスポンデント条件づけ（古典的条件づけ）**
> 人の恐怖や不安は，ある条件のもとで学習されたものであると考え，その人にとって恐怖や不安となる刺激と，それらと相容れない正反対の快適となる刺激を同時に，交互に提示することにより，恐怖や不安を軽減する方法を逆制止療法と呼んでいる。その代表的な技法が，ウォルピ（Wolpe, J.）の系統的脱感作法である。

play：役割演技法）や SST（social skills training：社会生活技能訓練）は，社会的学習理論を反映した技法である。

また，エリス（Ellis, A.）は認知理論を適用した論理療法で知られる。同じ出来事に直面しても，人によって受けとめ方は異なる。悲観的で非論理的な認知の仕方を，多面的で論理的な認知の仕方に置き換えることで，感情や行動を変容しようとするアプローチである。

（2）行動変容アプローチの方法

まず，アセスメントを行うため，具体的な行動として問題を特定し，明確にしていく作業から始めなければならない。そのうえで，問題とされる行動が，いつ，どこで，どのような状況において，どのような頻度で発生するのか，測定し，記録に書き留める。介入前にこうしたデータを収集しておくことを「ベースライン測定」と呼んでいる。そして，どのような行動で行動と環境の関係性はどのようなものであるか，「機能分析」を行う。

次に，具体的な行動を目標として設定し，介入のために必要な技法を選択する。そのうえで，介入を実施していく手順について援助計画をデザインする。援助計画に基づき，介入を実施することになるが，適宜，実施状況や介入の効果について，モニタリングしていくことが必要である。

介入後は，目標の達成度や効果について，評価することが必要となる。評価方法はいくつかあるが，アセスメントで実施したベースライン測定の結果と，介入による行動の変化を比較する方法が代表的である。

望ましい結果がえられたら終結となるが，援助者の介入がなくても行動を維持していくことができるよう強化を調整する（フェイディング）。フォローアップのため，追跡調査により状況を把握しておくことも必要である。

（3）保育における相談援助と行動変容アプローチ

たとえば，相手に手を上げてしまう子どもに対して，役割を交換することで，相手の立場から物事をとらえ，自身の行動を修正していくという援助が行われることがある。また，保護者支援においては，保育者が行動の見本を示したり，保護者が保育場面に参加することにより体験的に学ぶ機会を提供する支援が行われたりすることがある。

相談援助においては，従来の行動を修正し，新たな行動を獲得していくことによって，自らの生き方自体を見直す契機になることがある。保育者は，行動変容アプローチの適用可能性に目を向け，場面に応じて意図的に活用することができるようにしたい。

7 エンパワメントアプローチ

(1) 理論的背景

エンパワメント（empowerment）とは，社会構造のしくみにおいて生じる差別や貧困，虐待などの抑圧された状況において，生きるパワーを弱められ，無力感を抱えている人びとの，課題に立ち向かうパワーを強め，回復していく過程を指している。クライエントの強さ（strength）に着目しており，この視点によれば，状況の圧力によって，本来クライエントが有している内面的な力を発揮することができない状態にあると考える。状況を調整することで，クライエントの内面的な力（強さ）を高めていく一連のプロセスを，エンパワメントアプローチと呼んでいる。本来，持ち味や能力をもっている人が，ある状況によってそれらを弱められているととらえている。

エンパワメントアプローチは，19世紀末から20世紀初頭にイギリスに始まり全米各地で展開された，セツルメント運動にその源流を垣間みることができる。また，民族独立運動や公民権運動，フェミニズム運動，セルフヘルプ運動，障がい者の権利運動等の社会運動の影響も大きかった。

これらの動きは，抑圧された環境にある人びとが，自らに備わる可能性や権利に目覚め，社会を変革していこうという大きなうねりを生み出した。

ジャーメイン（Germain, C. B.）とギッターマン（Gitterman, A.）のライフモデル，その流れを汲みマルシオ（Maluccio, A. N.）が概念化したコンピテンス，ブラジルの教育者であるフレイレ（Freire, P.）からも影響を受けている。

そして，相談援助領域においてエンパワメント概念が用いられたのは，1976年に発表されたソロモン（Solomon, B.）の『黒人へのエンパワメント―抑圧された地域社会におけるソーシャルワーク』（*Black Empowerment: Social Work in Oppressed Communities*）であった。

(2) エンパワメントアプローチにおける4つの次元

エンパワメントアプローチにおける「パワー」とは，「たんなる外在的な権力を指しているのではなく，個人と社会との相互関係を形成し，それぞれの自律性に関与する力動を支配するメカニズム」[3]を示している。

したがって，エンパワメントアプローチにおけるアセスメントの視点は，図5-1にあるように，個人のみならず社会構造にまで広がりをもつ。そして，コックス（Cox, E. O.）とパーソンズ（Parsons, R. J.）（2000）は，エンパワメントアプローチにおける課題解決のための働きかけを，4つの次元に分けて整理している。

ひとつめの次元は，個人に目を向け，自尊感情を高めることに焦点を当てている。抑圧された環境によって弱められたパワーを回復していくためには，自

フェミニズム運動

「フェミニズム」とは女性解放思想を指しており，抑圧されてきた女性の尊厳と自立を求めた社会運動である。

ライフモデル

ジャーメインとギッターマンによって提唱されたエコロジカル・パースペクティブの基礎となるモデルである。医学モデルと対比され，個人と社会環境との相互関係に着目し，人間を取り巻く生活の全体から把握しようとするモデルである。

フレイレ（Freire, P.）

識字教育の実践から，抑圧された人びとが社会の矛盾に気づき，内面に潜在する能力に目を向ける「意識化」が必要であると説いた。生徒をただ暗記だけすればいいとみなす「銀行型教育」からの脱却を図り，対話を重視した「問題提起型学習」を唱えた。代表的な著作に，『被抑圧者の教育学』がある。

コンピテンス（competence）

環境に働きかけ，適応しながら，成長・発達していこうとする能力を示している。相談援助では，援助者自身が自己のコンピテンスを把握するとともに，クライエントのコンピテンスをアセスメントし，援助に活用していかなければならない。

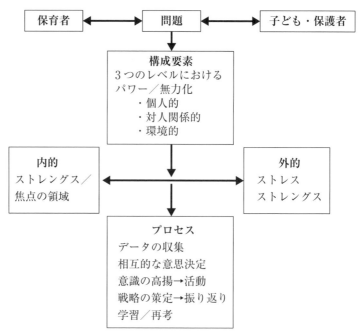

図5－1　アセスメントの構成要素

出所）Gutiérrez, L. M., Parsons, R. J. and Cox, E. O., *Empowerment in Social Work Practice*, Thomson Learning, 1998.（小松源助監訳『ソーシャルワーク実践におけるエンパワーメント——その理論と実際の論考集』相川書房，2000年，p.15）

分を価値ある存在として肯定することができる気持ちを育むことが必要である。そこで援助者は，援助関係を形成し，価値ある自分に気づく支援を行おうとする。

　2つめの次元では，対人関係における，課題解決スキルを獲得するための支援を行う。そのために活用されるのが，ワークショップのような，小グループによる継続的な教育プログラムである。また，セルフ・ヘルプの機能にも着目する。共通の課題を抱えた人びとが，互いに共感し，援助し合うことにより課題を克服していくことは，この次元における個人の成長に貢献する。

　3つめの次元では，環境や組織が個人に対してどのような影響を与えてきたか，意識化するための支援を行う。そして，個人を取り巻く社会資源や組織について知識を深め，それらにアプローチする方法を学んでいく。

　4つめの次元では，社会や政治に働きかける。個人の課題に影響を与えてきた，環境を変革するための活動に参加していく。ソーシャル・アクションの次元であり，政策への提言や社会資源の開発に関与することも視野に入れている。

> **セルフ・ヘルプ（self help）**
> 共通した問題を抱えている人びとが主体的に展開している自助グループをセルフ・ヘルプ・グループと呼び，当事者組織として，偏見や差別に対して社会運動を展開することもある。認知症高齢者の家族会や障害のある子どもを育てる親の会，アルコール依存症者や難病患者の会などが知られる。

(3) 保育における相談援助とエンパワメントアプローチ

　虐待やいじめ，貧困，差別，DV，長期療養を必要とする疾病等，子どもや保護者の内在しているパワーを弱める環境は，社会的な状況が生み出したひとつの病理だといえる。保育士が日々援助しようとしている子どもや保護者のな

かにも，こうした環境のなかで本来の持ち味や能力を発揮することができないでいる人もいるであろう。

　保育士が，子どもや保護者との対話を通して，抑圧された状況に気づき，ともに立ち向かっていくパートナーシップを築いていくことができれば，当事者にとって保育士は心強い存在となるに違いない。

　とくに，困難な生活状況に置かれてきた子どもたちも多く入所している社会的養護の現場では，エンパワメントアプローチの方法に対する理解を深めておく必要がある。

8 ナラティブアプローチ

(1) ナラティブアプローチの理論的背景

　ナラティブアプローチ（narrative approach）は，社会構成主義（social constructionism）の視点に基づき，対人援助領域で近年注目される方法である。

　社会構成主義は，フランスの哲学者であるフーコー（Foucault, M.）の影響を多分に受けている。フーコーは，真理は絶対的な権力であると考え，権力者による唯一無二の絶対的な真理を否定した。権力者に隠れ，抑圧されている人びとの声に耳を傾け，一人ひとりがその生活体験により意味づけられた文脈を大切にしようとしたのである。社会構成主義は，権力者によって絶対的な真理だと思い込まされてきたことに，異なった見方や考え方があることを私たちに投げかけている。

　そして，このフーコーの思想を相談援助の近接領域に適用したのが，ホワイト（White, M.）とエプストン（Epston, D.）である。ナラティブアプローチの考え方は，家族療法で用いられた彼らの視点を基礎としている。

　人はある出来事に直面した時，その出来事に対してそれぞれの解釈を加え，過去，現在，未来という時間の流れのなかで，意味づけられたひとつの筋書き（物語）を構成しながら生きている。

　「ドミナントストーリー」とは，クライエントが真実だと思い込んできた物語である。たとえば，努力しても褒められず，「あなたは何をやってもダメな子」と保護者から言われ続けてきた子どもはどうだろうか。保護者によって，子どものなかに「私は何をやってもダメな子」というレッテルが意味づけられる。言語による意味づけだけではない。声のトーンや表情，ジェスチャーといった非言語的なメッセージからも影響を受け，意味づけが強化される。

　「オルタナティブストーリー」とは，ドミナントストーリーを書き換えることができる新たな物語を意味する。もし，子どもの，報われなくても努力してきた過程やよりひたむきになれる事柄に光を当てたとしたら，子どもなりの意味づけの仕方はどのように変化するだろうか。物語を書き換えることで新たな

表５－３　ナラティブアプローチの手法

1.　ドミナントストーリーに耳を傾ける
＊共感的な関係を築きながら，問題の染み込んだ物語に耳を傾ける。 ＊「どのような経験をしてきたのか？」という会話を通して，相手の経験してきた現実をより深く理解しようとする。 ＊誰にでも，当然と考え決めつけていることがあるが，実際にはそうならないことがある。人生がもっと複雑で多面的なことに気づくならば，自分の問題に対する見方が広がっていく。 ＊会話を進めていくと，心痛を感じる場面もある。つらい過去を何度も語らせることは，問題の染み込んだ物語を逆に強める可能性がある。その場合，物語を広げるような会話が必要になる。
2.　問題を人から切り離す（問題の外在化）
＊問題を外在化することは，アプローチのすべてにおいて継続される作業である。 ＊まず問題を切り離すことが可能であることを理解させる。 ＊問題を，人生を悩ます「何か」に喩えたり，名づけたりしながら，外在化する会話を用い徐々に切り離す。 ＊その後，切り離された問題に対して，利用者と支援者は共同で対抗する。 　【外在化する会話】問題は… 　「あなたの人生を，いつから妨げるようになったか？」 　「どのくらい苦しめているか？」「どのように戦ってきたか？」「どのように発展してきたか？」「誰が，何が関連しているか？」「どのように意味づけているか？」
3.　ドミナントストーリーを見直し，ユニークな結果を発見する
＊当たり前と考えてきたドミナントストーリーを見直し，事実を検討し，脱構築の作業を開始する。 ＊ドミナントストーリーの支配下に置かれてきた出来事に焦点が当てられる。 ＊特に，これまで気づかなかった現実や真実を思い起こし，問題に打ち勝ったことのある経験，自分の強さ，対処能力等を見出せるように助ける。 ＊その結果，利用者はドミナントストーリーの影響を受けずに，自由に語ることができる。 ＊そしてドミナントに見合わないものは，すべてユニークな結果となり，オルタナティブストーリーのはじまりとなる。
4.　オルタナティブストーリーをつくり上げる
＊新しく見出した強さや真実は，それだけでは単なる出来事にすぎない。 ＊それらをつなげ，意味づけ，望ましい物語につくり上げることで，定着し，影響力が増す。 ＊ホワイトはこのことを「行為の風景」「アイデンティティの風景」と呼んだ。 【行為の風景】 ＊ユニークな結果について「いつ」「どこで」その出来事が起こったのか。「誰が」「何を」し，「どのように」関わったのか等，その行為がなされた風景を探求するために，あらゆる角度から質問する。 ＊またユニークな結果とつながっている他の出来事についても探る。 ＊こうして出来事が，確実な風景としてつながることで物語ができあがる。 【アイデンティティの風景】 ＊ユニークな結果が物語として定着するには，その意味を自身のアイデンティティと固く結びつける必要がある。 ＊その出来事が相談者にとっての「望み」「希望」「価値観」などに合致しているとき，オルタナティブストーリーは，その人にとって望ましい物語となる。
5.　オルタナティブストーリーを強める
＊様々なアイデアによりオルタナティブストーリーを強める。 【タイトルをつける】 ＊完成したオルタナティブストーリーに，自身の望む生き方に合致するタイトルをつけることで，より強さと希望を感じ，ドミナントストーリーの影響から離れることができる。 【仲間を増やす】 ＊賛同してくれる仲間を増やす。例えば，相談者の新しい物語を最も支持してくれる重要な人物をセッションに加える。 【決意を形に残す】 ＊手紙，認定証，宣言書，決意を思い出させる写真，絵画，音楽，コラージュなどを用いて，決意を形に残すことができる。

出所）川村隆彦『ソーシャルワーカーの力量を高める理論・アプローチ』中央法規，2011年，pp.194-195を一部修正

可能性が拓かれる。

　このように，たとえ同じ体験であったとしても，意味づけによって，人生はまったく違ったものになる。

（2）ナラティブアプローチの方法

　ナラティブアプローチは，クライエントの語りによって現在の物語を書き換えていき，新たな真実を見出す方法である。川村隆彦（2011）は，その方法を

表5－3のようにわかりやすくまとめている。

　本人の語りを大切にしながら，ドミナントストーリーが築かれた背景を読み解くところから始め，本人自身に問題があるとする呪縛から解放し，本人の意味づけを支配してきた物語について検討していく。そして，ドミナントストーリーを新たな角度から眺めながら新しい文脈を発見し，オルタナティブストーリーを構成することにより，未来を支えていく新たな物語へと再生させるのである。

(3) 保育における相談援助とナラティブアプローチ

　たとえば，子どもにとって家庭とは，本来安全が保障された居心地のよい場所でなければならない。ところが，多くの虐待事例が示しているように，幼少期より蔑まれ，暴力的な環境に置かれて育ってきた子どもたちが後を絶たない。こうした環境で育った子どもたちは，自分の責任ではないにもかかわらず，自分を責め，自らの存在価値を否定し，生きることの意味さえ見失ってしまう。

　しかし，ナラティブアプローチによって，異なる見方があることを伝え，これまでの人生の物語を書き換え，新たな物語を見出す援助を行うことができれば，子どもたちは，新たな自分とともに歩み直すことができるであろう

注
1）　黒川昭登『臨床ケースワークの基礎理論』誠信書房，1985 年，pp.139-140
2）　芝野松次郎「課題中心ソーシャルワーク」久保紘章・副田あけみ編著『ソーシャルワークの実践モデル』川島書店，2004 年，pp.110-111
3）　和気純子「エンパワーメントアプローチ」久保紘章・副田あけみ編著『ソーシャルワークの実践モデル―心理社会的アプローチからナラティブまで』川島書店，2005 年，p.212

参考文献
　川村隆彦『ソーシャルワーカーの力量を高める理論・アプローチ』中央法規，2011 年
　久保紘章・高橋重宏・佐藤豊道『ケースワーク　社会福祉援助技術各論Ⅰ』川島書店，1998 年
　久保紘章・副田あけみ編著『ソーシャルワークの実践モデル―心理社会的アプローチからナラティブまで』川島書店，2005 年
　黒川昭登『臨床ケースワークの基礎理論』誠信書房，1985 年
　黒川昭登『臨床ケースワークの診断と治療』誠信書房，1996 年
　武田建・荒川義子『臨床ケースワーク―クライエント援助の理論と方法』川島書店，1986 年
　Gutiérrez, L. M., Parsons, R. J. and Cox, E. O., *Empowerment in Social Work Practice*, Thomson Learning, 1998.（小松源助監訳『ソーシャルワーク実践におけるエンパワーメント―その理論と実際の論考集』相川書房，2000 年）
　Perlman, H. H., *Social Casework: a problem-solving process*, The University of Chicago Press, 1957.（松本武子訳『ソーシャル・ケースワーク：問題解決の過

程』全国社会福祉協議会，1966 年）

プロムナード

保育者がさまざまなアプローチを学ぶ必要性

　相談援助のアプローチとは，その人が寄って立つ立場から，試行錯誤によって開発されてきたものです。アプローチを学ぶということは，長きにわたる努力から育まれた，そのアプローチの心（精神）を学ぶということでもあります。

　保育者が対象としているのは，まさしく現実を生き抜こうとしている子どもや保護者を始めとした，地域で生活する人びとです。そのなかで，人びとが直面している現実は，多種多様で，複雑なものです。こうした多様性に満ちた保育課題や生活課題を解決していくためには，相談援助の側面からその課題に合わせた多様なアプローチを必要としています。

　本章では，現代に代表的な相談援助における 8 つのアプローチを紹介しています。こうしたアプローチ誕生の背景はさまざまですが，時代の要請がそのアプローチを必要としているのだと考えてもよいでしょう。保育者が，相談援助の知見を必要とするとき，対象者や場面に応じて，アプローチを取捨選択していくことができるような備えが必要なのです。

学びを深めるために

久保紘章・副田あけみ編著『ソーシャルワークの実践モデル—心理社会的アプローチからナラティブまで』川島書店，2005 年

　ソーシャルワークの実践モデルのなかでも，個人や家族を対象として活用できるモデルについて書かれています。代表的なモデルの特徴が具体的に記されているので，保育者としても読みごたえがあります。

川村隆彦『ソーシャルワーカーの力量を高める理論・アプローチ』中央法規，2011 年

　ソーシャルワーカーが活用できる理論やアプローチについて，その概念の説明や具体的な事例（物語形式）を用いながらわかりやすく解説しています。保育者が，相談援助の理論やアプローチを学ぶテキストとして手に取りやすいでしょう。

第 6 章

相談援助の具体的展開

1　計画・記録・評価

（1）計画の意義と方法

1）計画の意義と留意点

相談援助における計画の目的は，援助活動として展開される目標を明確化させるとともに，その目標に向かってどのように達成させていくのかということを明らかにするためのものである。

計画の策定には，受理面接（インテーク）から事前評価（アセスメント）までにえられたクライエントの情報の内容について整理し，その内容に対してクライエントの生活上において具体的に何が生活課題として生じているのかということを明確化させることが必要となる。クライエントの生活課題は，そのクライエント本人が気づいているもの（外在化された生活課題）がある一方で，そのクライエント本人が現時点では気づいていないもの（内在化された生活課題）があるケースもある。たとえば，子どもを育てる保護者が，自身の子どもに対して乱暴な言動を子どもに与えてしまうケースの場合では，保護者自身がその行為のうち，しつけとして手をあげてしまうことは自覚できているが，日々の子どもへの発言において無意識のうちに乱暴な関わりをしていることに保護者自身が気づいていないことも考えられる。またそのような行為の原因についても，子どもが保護者のいうことを聞かないなどといういら立ちがあることを保護者が気づいている場合でも，その家庭の背景である家庭内における人間関係や，保護者が抱える日々のストレスを吐き出す相手がいないということに保護者自身が気づいていないことも考えられる。このような事例からも考えられるように，相談援助が必要なクライエントがその状況を十分に把握できていない場合であっても，保育者をはじめとした援助者はそのクライエントの生活の全体をとらえ，援助計画に盛り込んでいくことが必要となる。

相談援助活動の援助計画の立案（プランニング）において重要なことは，クライエントの生活を援助者が一方的に決めつけ，クライエントの意向を無視した，あるいはまったく意向を踏まえない援助計画を立案することは決してあってはならないということである。これはソーシャルワークの基本であるクライエントの自己決定の原則に反するためである。援助者はクライエントの生活課題を客観視することに意識を置きすぎることがある場合，そのクライエントの意向を知らず知らずのうちに見落としてしまうことがある。クライエントの課題を解決する主体はあくまでもクライエント自身であり，援助者はクライエントの気持ちを受けとめ寄り添いながら，クライエントとともに生活課題の解決を目指した援助計画を立てることが必要である。このためにも，援助計画の策定と具体的な設定にあたり，援助者とクライエントが協働・参画したうえで援助目標，援助期間，援助方法の方向性を策定し，共有できるように調整することが

生活課題

　一人ひとりが生活していく上において，乗り越えていかなければならない出来事や生活を営むうえで支障となっていること。個人の生活はその個別的な状況のほか，その生活をとりまく周囲との関わりやそのなかで発生するさまざまな出来事があり，これらの出来事が時としてその個人の生活に支障となることがあり，これらを含めて生活課題としてとらえられる。

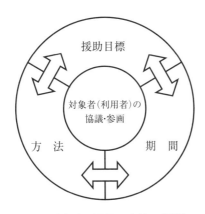

図6－1　援助内容（目標・方法・期間）の設定

出所）小口将典「支援内容を明らかにする概念図」『保育現場で役立つ相談援助・相談支援』晃洋書房，
　　　2013年，p.187 を参考に筆者作成

必要である（図6－1参照）。

2）計画の方法

　プランニングにおいては，ソーシャルワークで活用されるさまざまなアプローチのなかから，そのクライエントの課題解決にどのアプローチを用いることが有効かについて援助者が判断し，援助計画に反映させていくことが必要である。そのうえで，設定された援助目標に対して，具体的に何を，どのような期間・手順と方法によって展開させていくかという援助内容についての計画を立てていくこととなる。この援助計画では，短期的に効果がえられると見込まれる援助目標と，ある程度の時間が必要となる（あるいはある程度の時間をかけ

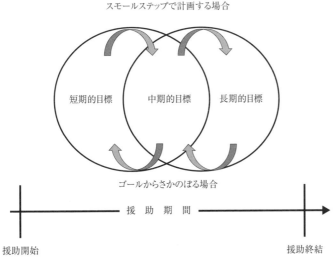

図6－2　援助計画に盛り込む各目標の連続性

出所）筆者作成

て対応すべき），中・長期的な援助目標に区分して，具体的な内容を設定することが必要である。そうしてとくに短期的な援助目標については大きすぎる目標ではなく，現状から少しの努力や工夫によって到達できるようにする，いわゆるスモールステップで進めることが必要である。このようなスモールステップを積み上げ，中期的目標とその後の長期的目標につなげていくという時間（経過）の連続性を意識して計画を立案すること視点が求められる（図6－2）。なお事例によっては援助の終結（ゴール）を先に設定したうえで，長期的目標の設定と，それに対応するように中期的目標と短期的目標を設定する場合もある

児童記録票

（第1面）

受理年月日		平成　　年　　月　　日			相談歴　　有・無		
事例番号			種別			担当者	
子ども本人	氏名（ふりがな）（通称）	（　　　　）	性別	男　女	生年月日（S・H）　年　月　日	年齢	
	保育所等利用	保育所　幼稚園	保育所・学校等名　担任		学年　　年　その他の関係職員		
	本籍地	都　道　府　県　（外国籍　　　　）					
	現住所						
保護者	氏名						
	現住所				続柄		
	電話				勤務先　　（留意）		
保護者	氏名						
	現住所				続柄		
	電話				勤務先　　（留意）		
相談者					子どもとの関係		

家族状況	続柄	氏　名	生年月日	年齢	職業（就業時間）	健康状況	備考（居住等）

（第2面）

主　訴	
生活状況（養育状況）	
経済状況	
福祉サービス・機関等利用状況	

統計分類	経路				種類別				処理				

図6－3　児童記録票①

出所）厚生労働省雇用均等・児童家庭局長「市町村児童家庭相談援助指針について」雇児発第0214002号，2005年2月14日，別添7より抜粋

が，その場合においても時間（経過）の連続性を意識するという視点は同じである。

なお，具体的な計画の策定はいくつもの書式があるが，例として厚生労働省が市町村における子育て家庭の相談援助体制について定めた「市町村児童家庭相談援助指針」の書式を用いて説明する。援助計画の策定にあたっては，受理面接（インテーク）から事前評価（アセスメント）までにえられた情報について，そのクライエントの家庭状況や相談援助に求めることに至ったクライエント自身の主訴，生活状況，経済状況，現在の福祉サービス・機関等利用状況についての整理する（図6－3参照）。そのうえでクライエントの主訴や内在化された生活課題をとらえ，援助方針を計画する（図6－4参照）。子育て家庭を対象とした援助展開の場合，主訴を提示する当事者は子どもの保護者であるが，一方で援助対象となるのはその子どもの保護者とともに子ども本人も対象となるため，子ども本人の生活状況の把握や子どもの発達に応じた子ども自身の意向についても踏まえ，計画に盛り込む視点をもつことが重要である。

（第６面）

<table>
<tr><td rowspan="5">援助方針</td><td colspan="2">援助内容及びその理由</td></tr>
<tr><td colspan="2">保護者・児童等の意向
保護者の意見
児童の意見
その他（　　　　）</td></tr>
<tr><td colspan="2">地域協議会の意見
・照会の有無　　有（　　年　　月　　日）　　無
・照会の事由
・意見内容</td></tr>
<tr><td>短期的課題と援助方法</td><td>短期的課題
課題達成のための具体的援助方法
（関係機関との連携のあり方を含む）</td></tr>
<tr><td>中長期的課題と援助方法</td><td>中長期的課題
次期検証時期　年　月
課題達成のための具体的援助方法
（関係機関との連携のあり方を含む）
年　　月　　日　責任者</td></tr>
</table>

図６－４　児童記録票②

出所）図６－３に同じ

（2）記録の意義と方法

1）記録の意義・目的

相談援助における記録は，援助者がクライエントにあった出来事を単純に書面に残すことを第一の目的としているのではない。ひとつには相談援助における記録の目的として，援助者の利用者理解とその理解に基づいた適切な相互関係づくりに役立てられることであるといえる。それは援助者が記録を通してクライエントの置かれている状況や具体的ニーズの変化をとらえながら，クライエントの状況について客観的かつ生活の全体性を理解することにより，利用者の状況の把握やニーズの整理を進めることが可能で，そのことにより援助活動や日々の関わりの際にも援助者が利用者への理解を示すことによって利用者との良好な信頼関係を構築することが期待される。このほかにもその援助がプランニングで策定した援助計画どおりに進行しているかどうかを確認し，必要に応じて計画や援助の見直しを行うためにも役立てられる。このなかで援助者により作成された記録を分析・評価することによって，援助者の姿勢をはじめとした援助全体の効果を確認し，現時点での問題点や改善すべき点などを見出すことが可能となる。

以上は記録を通して対象となる利用者に直接還元することができることを例示したが，このほかにも援助者の組織の管理や業務の向上を図るためにも役立てることができる。その例として，①クライエントの担当者が何らかの事情により外れた場合，新しい担当者が記録を見返すことによって支障なく引き継ぐことができること，②担当者のみにその責任を委ねるのではなく組織内での適切な役割分担や情報共有に役立てられること，③相談援助活動において問題や批判がおこった場合に援助の根拠とすることができること，④援助者の育成のための教育や調査研究に役立てることができること，などである。このように記録のもつ役割として幅広く，援助活動や運営管理においても非常に有効な資源となるといえる。

2）記録の種類と方法

相談援助での記録は，その相談機関や児童福祉施設等により対応が異なるとともに，記録様式も異なっている。児童福祉施設では記録と表現されているが，児童相談所等の記録では児童票などと表現されるものもある。

さまざまな記録があるなかで，分類のひとつとして利用者個人の記録であるケース記録があげられる。ケース記録とは，相談援助活動の利用者ごとに作成された事例の記録である。ケース記録には，①利用者の属性や主訴などの基本的な個人情報をまとめたフェースシート，②利用者の相談援助前からの生活歴や健康状態，心理・社会的状況，経済的状況などをまとめた生活史（ケース・ヒストリー），③援助者やその家族に対する相談援助活動での関わりを時系列に記録した過程記録（プロセス・レコード），④過程記録に基づいて援助計

プロセス・レコード（process record）

クライエントとソーシャルワーカーの相互作用過程を明らかとし，実践に役立たせることを目的とする逐語録形式の記録技法。ソーシャルワーカー自身の感情や思考，実践場面における判断の根拠について深く考え直したり，関係の相互作用を省察・洞察することに役立てられる。

画や援助過程を要約された要約記録（サマリー・レコード）が含まれる。

このほかケース記録のほかにも，相談機関・施設の組織内や連携先の機関等との情報共有を図るために作成される報告書，他機関に紹介が必要な場合に作成される紹介状，援助者から利用者やその家族に対する連絡文などがあり，相談援助の援助展開で必要な際に適宜作成されることが一般的である。

記録の記述方法にもいくつかの種類があり，① 時系列によって記述する方法である叙述体，② 面接や利用者との関わりの経過を要約する記述方法である要約体，③ 援助者の分析や事実に対する解釈を加えた説明体などである。これらの記述方法の作成の際には，ソーシャルワークの技法で用いられるマッピング技法（エコマップ，ジェノグラムなど）を活用して説明を補足されることも多い。

エコマップ
⇒P.61 参照

ジェノグラム
⇒P.60 参照

さまざまな記録の種類や方法があるが，援助者が記録する際には，事実をより正確に，また鮮明に残すことを意識して記録することが求められる。このためにも，記録すべき内容が発生した時には速やかに記録に残すことや，記録者自身の理解をすることだけでなく機関・組織内や他者にも読みやすい記録とするように手書きの場合は読みやすい文字で記述すること，内容についてわかりやすい表現を心がけることなどに留意することが必要である。また他者にも伝わりやすい記録とするためにも，5W1H（When：いつ，Where：どこで，Who：誰が，What：何を，Why：なぜ，How：どのように）がわかるように表記することや，利用者などの様子を記録する際には言語的なメッセージだけではなく，言語化されていない表情や態度などといった非言語的メッセージについても記録に残すことも援助活動に有用な情報とするために必要である。

（3）評価の方法

相談援助における評価は，その援助活動がプランニングで策定した援助計画やその援助目標に対応してどのような過程で進行しているかということや，利用者の抱える生活課題などについてどのような変化がみられるのかということについて，客観的な視点を用いて判断する過程であるといえる。援助展開においては当初より期待されていた援助の効果があらわれる場合もあれば，反対に期待される効果があらわれていないこと，また当初の援助計画策定の際には予期していなかった変化が出ている場合なども想定される。これらの援助効果の全体を整理し，より必要な，より望まれる援助内容を設定することに着目して評価が行われる。具体的には効果があらわれていることでその後も援助として継続することが望ましいものであれば継続の方法（援助プログラムの内容・期間）を設定し，また反対に期待されている効果があらわれていない場合については今後の援助計画の見直しを行うなど，援助の見直しを含めて今後の援助の方向性を見定めていくことが求められる。このように，評価すること自体を目的と

するのではなく，評価により明らかとなった状況について援助過程に活かすというフィードバックを意識して評価することが必要である。また評価に限らず相談援助ではクライエントの生活課題についてクライエントが主体的に解決できることが必要であり，このためにも評価によって援助者がクライエントの生活や人格を批判的に判断することがないように留意しなければならない。

評価の主な段階として，援助展開中にクライエントにどのような評価がもたらされたのかを判断する「中間評価（モニタリング）」と，援助が終結する間際の段階において援助展開によって援助活動の効果を測定するなど援助活動での成果を確認する「事後評価（エバリュエーション）」があげられる。

評価を行う場合，評価者の主観的見解によって評価内容が変わらないようにしなければならない。あわせて評価ではその援助内容をより客観的な視点でその実際をとらえることが必要である。このためにも，評価を実施する際にはあらかじめ根拠（エビデンス）に基づいて作成されたチェックシートを用いるなど，評価の視点やフォーマットを設定することが求められる。

評価を行う時期は，相談援助活動が進行するなかで，クライエントの生活課題が変化したと予測される場合や，一定の援助期間が経過した段階で今後の援助方針の確認や設定が必要と思われる場合に中間評価（モニタリング）を行うことが一般的である。

> **中間評価（モニタリング）**
>
> プランニングで策定された計画通りに援助が進行しているかということや，援助展開において変化するクライエントの状況やニーズに対応しているかについて評価すること。モニタリングによって援助目標が適切であるかを評価し，仮に援助目標の見直しが必要である場合には援助目標や援助内容について修正される。

2　多様な専門職との連携

（1）医師との連携

医師は，医師法の第1条で「医療及び保健指導を掌（つかさど）ることによつて公衆衛生の向上及び増進に寄与し，もつて国民の健康な生活を確保するものとする」と定義され，第17条では「医師でなければ，医業をなしてはならない」とされている。

資格要件については，医師国家試験に合格する必要があるが，受験資格として，①大学で医学の正規の課程を修めて卒業した者，②医師国家試験予備試験に合格後，1年以上の診療および公衆衛生に関する実地修練を経た者，③外国の医学校を卒業し，または外国で医師免許を得た者で，厚生労働大臣が適当と認定した者，などとなっている。

医師は，乳児院や母子生活支援施設，保育所，児童養護施設，障害児入所施設，児童発達支援センター，情緒障害児短期治療施設（2017〈平成29〉年4月1日より児童心理治療施設に名称変更），児童自立支援施設などの児童福祉施設において専任あるいは嘱託として配置される。入所児童の健康の保持，成長・発達の支援，疾病および障がいのある児童への療育指導などにまつわる診断や治療などさまざまな課題に対して福祉や保育の専門職と連携して対応する。

虐待を受けている児童を発見した者には，児童相談所などへの通告義務があるが，病院や診療所の小児科・整形外科などの医師による治療の際に，子どもの発育不良や火傷・骨折などの怪我の状況，親の言動などから，児童虐待が発見されるケースもある。「児童虐待の防止等に関する法律」（児童虐待防止法）では医療・福祉関係施設で職務に従事する医師も「児童虐待を発見しやすい立場にあることを自覚し，児童虐待の早期発見に努めなければならない」としている。児童相談所や医療機関の医師には，身体的・精神的ダメージを受けた児童や虐待者である保護者の治療や支援などにおいて，医療ケアを通じての虐待の防止に努める役割が期待される。

医療機関によっては，児童虐待への対応のため，医療ソーシャルワーカーや看護師，医師などで専門チームを設置している所もある。

児童福祉法に基づき 2005（平成 17）年より，児童の福祉に関して，地域のネットワークとして，地方公共団体が単独あるいは共同で「要保護児童対策地域協議会」を設置することが規定されているが，地域における虐待・非行・情緒問題などさまざまな要保護児童に関する問題解決のための情報共有や支援内容の協議などにおいても，医療機関の医師との連携は不可欠である。

（2）看護師／保健師との連携

1）看護師

看護師は，保健師助産師看護師法第 5 条で「厚生労働大臣の免許を受けて，傷病者若しくはじよく婦に対する療養上の世話又は診療の補助を行うことを業とする者」と定められている。

資格取得には，専門の養成施設で必要科目を修得し，看護師国家試験に合格する必要がある。

乳児院や障害児入所施設，児童発達支援センターなどさまざまな児童福祉施設，病院や診療所といった医療機関などにおいて，保護者の相談に応じたり，保育士とともに子どもたちの支援の役割を担っている。具体的には，傷病の予防のための衛生管理，感染症対策に関する業務や傷病の手当て，投薬・服薬の管理，病院の付き添いなどの業務を行う。

看護師も医師と同じく児童虐待防止のための医療ケアの役割が求められる。

また，医療機関においては，病棟保育士や医療保育士と呼ばれる入院中の子どもへの遊びの提供や学習支援など，成長・発育に関するさまざまなケアを行う専門職とも連携し，看護業務を通じた子どもや保護者への支援の役割も担っている。

一方，子ども・子育て支援法に基づき，2015（平成 27）年 4 月より新しい子ども子育て支援事業が本格実施となり，「地域子ども・子育て支援事業」の一環として，「病児保育事業」が位置づけられている。そこでは，子どもが病気

**医療ソーシャル
ワーカー**

保健医療分野の社会福祉専門職で，配属先によっては社会福祉士，精神保健福祉士なども含み，総称して医療ソーシャルワーカー，MSW（Medical Social Worker）と呼ぶ。利用者の抱える生活上の諸問題に対して解決，調整を支援し，社会復帰の促進を図る。

**要保護児童
対策地域協議会**

児童虐待の早期発見や防止のため，虐待を受けた子どもをはじめとする要保護児童などに関する情報の交換や支援内容の協議を地域ごとに行うためのもので，2004（平成 16）年度の児童福祉法改正により法的に位置付けられた。構成員は行政機関の児童福祉関係者以外にも医療機関や保健所などの保健医療関係者，学校などの教育関係者，警察や司法関係者，配偶者暴力相談支援センターの関係者，人権擁護委員など多岐に渡っている。入所施設から退所した児童の見守りも扱う。

子ども・子育て支援法

2012（平成 24）年 8 月に成立した新法である。日本の急速な少子化の進行，家庭および地域を取り巻く環境の変化に対応するため，子どもに関する法律・施策とともに，子育て支援給付その他の子どもの養育者に必要な支援を行い，子どもたちが健康に成長できる社会の実現に寄与することを目的とした法律である。

あるいはその回復期で保育所などにも通うことができない，また，保護者が仕事の都合などで家庭内での保育が困難な際に，保護者に代わって児童養護施設や乳児院，保育所，病院などさまざまな施設に併設されつつある病児・病後児保育施設で保育・看護が行われることとされており，子どもの体調不良への早期的対応による回復や健康管理という点からの看護師の役割も期待される。

2）保健師

保健師は，保健師助産師看護師法第2条で「厚生労働大臣の免許を受けて，保健師の名称を用いて，保健指導に従事することを業とする者」と定められている。

資格取得には専門の養成施設で必要科目を修得し，保健師国家試験および看護師国家試験に合格する必要がある。

地域保健法や母子保健法に基づいて保健サービス提供機関としての保健所や市町村保健センターなどに関する位置づけや業務が定められており，専門職としてそれぞれに配置されている。健康相談，訪問指導，健康診査，保健指導など，さまざまな業務を担い，保育や福祉の専門職とも連携して子どもの健康や生活環境の管理なども行っている。

また，周産期・出生児の親子へのケアとして，近年では児童相談所とも連携し，虐待の発生予防や早期発見，障がい児への支援といった役割も期待される。

さらに，児童相談所に配置された保健師も，親子に対する予防医学知識の普及や育児相談・保健指導・在宅支援，障がい児や虐待をうけた子どもおよびその家族などへの子どもの健康・発達に関する支援，一時保護の子どもの健康管理などを行っている。

保健所などに配置される場合，子どもの検温や病気・怪我への対処，検診，保護者に対する疾病予防のための啓発，健康に関する相談など，保育士とも連携しながら対応する。

（3）社会福祉専門職との連携
1）社会福祉士

社会福祉士は，社会福祉士及び介護福祉士法に基づき，身体上，精神上の障がいがあること，または環境上の理由により日常生活を営むのに支障がある者の福祉に関する相談に応じ，助言，指導，福祉サービスを提供する者，または医師その他の保健医療サービスを提供する者その他の関係者との連絡および調整その他の援助を行う国家資格の専門職である。

社会福祉関連施設・機関のみならず保健医療，教育の領域など活動の場が広がっている。

資格要件については，養成施設で必要な科目を修得して国家試験に合格するか，あるいは実務経験4年以上で国家試験に合格した者となっており，児童福

保健医療サービス

保健（健康維持）と医療（治療）に関連する施策，サービスをいう。「地域保健法」の定める保健所，市町村保健センターなどが保健サービス提供機関，「医療法」に定める病院，診療所，助産所，老人保健施設などが医療サービス提供機関となっている。医師，保健師，看護師，薬剤師，管理栄養士，医療ソーシャルワーカー，介護福祉士などさまざまな専門職がサービス提供のための連携を行っている。

司として職務に従事する際の資格要件ともなっている。

2）介護福祉士

介護福祉士は，社会福祉士及び介護福祉士法に基づき，身体上または精神上の障がいがあることにより，日常生活を営むのに支障がある者につき，心身の状況に応じた介護を行い，並びにその者およびその介護者に対して介護に関する指導を行う国家資格の専門職である。高齢者や障がい者関係の施設，事業所などで業務に従事している。

障害児入所施設といった児童福祉施設などでも障害のある児童への当該業務に従事する。

資格要件については，これまで，一定の実務経験を経て国家試験に合格する，あるいは，養成施設で必要科目を修得すれば国家資格の登録が可能であった。

2016（平成 28）年度（第 29 回）国家試験から実務経験ルートには実務者研修が義務づけられることとなった。

また，2017（平成 29）年度から 2021（平成 33）年度までの養成施設既卒者に与えられる介護福祉士資格は 5 年間の期限付きとなり，5 年以内に国家試験に合格するか，5 年間連続して現場の実務に従事しないと国家資格は失われる。

なお，2022（平成 34）年度の卒業生からは国家試験の受験が義務となる。

3）精神保健福祉士

精神保健福祉士は精神保健福祉士法に基づき，精神障がいの医療を受け，または精神障がい者の社会復帰促進施設を利用している者の相談に応じ，必要な訓練その他援助を行う国家資格の専門職である。

児童養護施設や障害児入所施設，児童発達支援センターといった児童福祉施設で生活指導や自立促進業務に従事する児童指導員の任用資格ともなっている。

精神保健福祉センターや保健所，精神障害者福祉施設，精神科病院あるいは企業などにも配置されている。

資格要件については，養成施設で必要科目を修得し，国家試験に合格する必要がある。

4）児童自立支援専門員・児童生活支援員

児童自立支援専門員（旧：教護）と児童生活支援員（旧：教母）は，児童自立支援施設で非行を犯した少年や非行を犯すおそれのある少年たちと寝食をともにし，生活指導，学習指導，職業指導などを行う。

資格要件としては，児童自立支援専門員は「医師で精神保健に関する学識経験を有する者，社会福祉士有資格者，養成施設を卒業した者，教育学，心理学，社会学の専修課程を卒業した 1 年以上の児童自立支援事業の実務経験者，小・中学校・高校の教諭資格を有し，規定の職務経験に従事した者」，児童生活支援員は「保育士資格を有する者，社会福祉士の資格を有する者」などとなっている。

5）児童指導員

児童指導員は，児童養護施設や障害児入所施設，児童発達支援センターといった児童福祉施設で生活指導や自立促進などの業務にあたる。

任用要件としては「養成施設を卒業した者，社会福祉士，または精神保健福祉士の資格取得者，大学で教育学，心理学，社会学を修めて卒業した者，小・中学校・高校の教諭資格を有し，厚生労働大臣または都道府県知事が適当と認めた者」などとなっている。

6）母子支援員・少年指導員

母子支援員（旧：母子指導員）は，母子生活支援施設において，母親への就労支援や育児相談，関係機関との連絡調整などを行う。

任用要件としては「養成施設を卒業した者，保育士・社会福祉士・精神保健福祉士の資格を有する者，高校卒業後，2年以上の児童福祉事業従事者」などとなっている。

少年指導員は母子生活支援施設において，子どもの生活指導や学習指導などを行う。

任用要件はとくにないが，児童指導員任用資格の取得を条件にすることが多い。

7）児童の遊びを指導する者

児童の遊びを指導する者（旧：児童厚生員）は，児童厚生施設である児童遊園や児童館などにおいて，子どもの健全育成に向けて屋内外の施設，設備を活用しながら，遊びに関する指導を行う。

任用要件としては「養成施設を卒業した者，保育士や社会福祉士の資格を有する者，教諭となる資格を有する者，大学・大学院で社会福祉学，心理学，教育学，社会学，芸術学，体育学を修めて卒業した者」などとなっている。

8）家庭支援専門相談員（ファミリーソーシャルワーカー）

家庭支援専門相談員は，虐待等の家庭環境上の理由により入所している児童の保護者等に児童の早期家庭復帰，里親委託等への相談・支援，入所児童の早期退所や親子関係の再構築を行う。児童養護施設，乳児院，情緒障害児短期治療施設（2017〈平成29〉年4月より児童心理治療施設に名称変更）および児童自立支援施設に配置される。

資格要件については，社会福祉士，精神保健福祉士，児童養護施設などでの児童の養育への5年以上の従事者，児童福祉法第13条第2項各号のいずれかに該当する者などとなっている。

9）里親支援専門相談員（里親支援ソーシャルワーカー）

里親支援専門相談員は，児童養護施設および乳児院の入所児童の里親委託の推進，退所児童のアフターケアとしての里親支援，所属施設からの退所児童以外を含む地域支援としての里親支援の充実，委託の推進を図る。児童養護施設

児童厚生施設

児童福祉法第40条に定められた児童福祉施設のひとつである。児童館や児童遊園など，児童に健康な遊びを与えて，その健康を増進し，または情操を豊かにすることを目的とする施設とされ，地域社会での児童福祉の拠点としても位置付けられている。

アフターケア

児童養護施設などの児童福祉施設を退所した児童の家庭生活の安定および自立の支援を行うことをいう。2004（平成16）年の児童福祉法改正により，施設業務としての退所者への相談その他の支援が明確化された。

および乳児院に配置される。

　資格要件については，社会福祉士，精神保健福祉士，児童福祉法第13条第2項各号のいずれかに該当する者，児童養護施設（里親を含む）において児童の養育に5年以上従事した者などとなっている。

10）社会福祉主事

　社会福祉主事は，社会福祉法第18条および第19条で定義づけられており，都道府県，市町村の設置する福祉事務所において，社会福祉関係法に基づき，児童福祉施設の入所やひとり親家庭などでの生活保護世帯に関する相談援助業務などにあたる。公務員が福祉関係部署に配属されてはじめて働くことのできる任用資格でもある。

　児童福祉施設の相談援助職の採用条件に準用されることもある。

　資格要件については，満20歳以上の者であって，「大学等で厚生労働大臣の指定する社会福祉に関する科目を修めて卒業した者，厚生労働大臣の指定する養成機関又は講習会の課程を修了した者，社会福祉士，厚生労働大臣の指定する社会福祉事業従事者試験に合格した者」などとなっている。

11）児童福祉司

　児童福祉司は，児童福祉法第13条において「児童相談所長の命を受けて，児童の保護その他児童の福祉に関する事項について，相談に応じ，専門的技術に基づいて必要な指導を行う等児童の福祉増進に努める」とされる専門職で，児童相談所の中核的な職種である。

　近年深刻化する児童虐待への対応のみならず，子育てをめぐるさまざまな相談に応じ，サポートを行う。

　2016（平成28）年10月より児童相談所の体制強化として，おおむね5年以上勤務した者は，専門的技術に関する指導・教育を行うスーパーバイザーとして配置されることとなり，2017（平成29）年4月より，厚生労働大臣が定める研修を受けることとなった。

　また，児童虐待対応のため，2019（平成31）年までに児童福祉司は3,480人（2015〈平成27〉年度は2,930人）に増員される予定である。

　任用要件については「厚生労働大臣の指定する養成施設を卒業又は指定する講習会を修了した者，大学で心理学，教育学，社会学の専修学科を卒業し，1年以上児童その他の者の福祉に関する相談援助などの業務に従事した者，医師，社会福祉士・精神保健福祉士，社会福祉主事として2年以上児童福祉事業に従事した者」などとなっている。

12）婦人相談員

　婦人相談員は，売春防止法に基づき，都道府県や市に設置される婦人相談所で，ドメスティック・バイオレンスの被害者や要保護女子への相談・指導を行う。また，配偶者からの暴力の防止及び被害者の保護等に関する法律に基づき

設置された配偶者暴力相談支援センターで婦人保護施設，母子生活支援施設，民間シェルターでの一時保護や入所などの被害者支援の役割を担う。

任用要件については，売春防止法により「社会的信望があり，かつ，婦人相談員の職務を行うに必要な熱意と識見を持っている者」とされている。

13）家庭相談員

家庭相談員は，福祉事務所内の家庭児童相談室に配置され，子育て支援や虐待防止など，家庭児童福祉に関する相談支援を行う。

任用要件については，厚生労働省により「大学で児童福祉，社会福祉，児童学，心理学，教育学，社会学の学科・課程を修めて卒業した者，社会福祉主事として 2 年以上児童福祉事業に従事した者，医師，社会福祉士，これらに準じ家庭相談に必要な学識経験を有する者」などとなっている。

14）母子・父子自立支援員

母子・父子自立支援員（旧：母子自立支援員）は，福祉事務所において，ひとり親家庭の親の就職や経済不安，子どもの教育などさまざまな生活不安への相談支援を行う。

任用要件については，母子及び父子並びに寡婦福祉法第 8 条により，都道府県知事，市長（特別区の区長を含む）および福祉事務所を管理する町村長により，社会的信望があり，かつ，所定の職務を行うのに必要な熱意と識見をもっている者のうちから委嘱されることとなっている。

資格要件はとくになく，原則として非常勤だが，常勤の場合は社会福祉主事や児童福祉司の経験が求められる場合が多い。

15）スクールソーシャルワーカー

スクールソーシャルワーカーは，学校教育機関においていじめや不登校などの課題を抱えた児童・生徒を取り巻く環境への働きかけを行い，さまざまな関係施設・機関などとも連携しつつ，相談・支援を行う福祉専門職である。

2008（平成 20）年 4 月からは文部科学省もスクールソーシャルワーカー活用事業を導入し，全国に順次配置されることになり，2014（平成 26）年 8 月の政府の「子供の貧困対策に関する大綱」では，当時の 1,500 人から 5 年をかけ，2019（平成 31）年度までに 1 万人に増やし，全国の市区町村に置くことを掲げている。任用要件は自治体によって異なる。

資格要件については社会福祉士や精神保健福祉士などの有資格者の他，教育や福祉分野の経験者などさまざまである。

社団法人日本社会福祉士養成校協会では，2009（平成 21）年 3 月より一定の設置要件を満たす学校をスクールソーシャルワーク教育課程と認定し，当該課程修了者で社会福祉士などの有資格者に修了証を交付する仕組みを導入している。

参考文献

神戸賢次編『新選・児童福祉』みらい，2009 年

千葉茂明編『児童・家庭福祉論』みらい，2013 年

成清美治・吉弘淳一編著『児童や家庭に対する支援と児童・家庭福祉制度』学文社，2011 年

成清美治・加納光子編集代表『現代社会福祉用語の基礎知識　第 12 版』学文社，2015 年

西尾祐吾監修，立花直樹・安田誠人・波田埜英治編『保育の質を高める相談援助・相談支援』晃洋書房，2015 年

水田和江・中野菜穂子編著『子ども家庭福祉の扉—子どもと家庭の未来を拓く』学文社，2009 年

プロムナード

専門職の連携によるチームアプローチ

　近年，子育てをめぐる利用者のニーズが多様化するなかで，地域の人間関係の希薄化による子育て家庭の孤立化が懸念されている。

　厚生労働省が 2015 年に実施したアンケート（厚生労働省「人口減少社会に関する意識調査結果」2015 年 10 月）によると，0 歳から 15 歳の子どもがいる保護者に対して「子育てをしていて負担・不安に思うこと」があるかを質問したところ，「どちらかといえばある」43.6％と，「ある」28.8％のあわせて 7 割を超える人が相当の負担感があると回答している。その内容として経済的な負担感が上位にあげられる一方，「自分の自由な時間が持てない」（30.1％），「子育てによる精神的疲れが大きい」（27.8％），「子育てによる身体の疲れが大きい」（21.8％）などと，子育てに起因する負担や悩みの回答も目立っている（複数回答）。

　このような子育てに関わる生活課題が発生した際に，福祉専門職のみならずさまざまな専門職者が連携し，対応していく子育て支援の試みとしてのチームアプローチが求められる。

　そのなかで保育者には専門職による相談援助として，保護者の悩みや不安を受けとめながら援助計画の策定を行い，課題解決に向けた支援に取り組むことが期待されている。

　このほか，保健師や看護師，医師をはじめとする保健や医療，教育や心理，司法など，さまざまな専門職がチームを形成し，課題への早期発見・早期対応をはかる必要がある。また，ボランティアをはじめとするインフォーマルな資源を含めたさまざまな立場や職種を超えた連携での地域福祉ネットワークの形成による相談援助・相談支援体制が求められる。

学びを深めるために

井上寿美・笹倉千佳弘編著『子どもを育てない親，親が育てない子ども—妊婦健診を受けなかった母親と子どもへの支援』生活書院，2015 年

　　妊婦健診未受診妊産婦とその子どもへの支援にまつわる実態調査と分析考察を通じて，要保護児童とその家族をめぐる保健・医療・福祉・教育・警察などの関係機関の専門職の連携や地域でのネットワーク形成など，地域支援のあり方についても読みやすく論じています。

保育ソーシャルワーク学会編『保育ソーシャルワークの世界—理論と実践』晃洋書房，2014 年

　　保育現場における相談援助を基盤とする保育ソーシャルワークの役割について，専門職の価値や倫理などの視点をもとに説明されています。保育者としてどのような相談援助の展開が求められるかについて，事例を踏まえて示されています。

第 7 章

相談援助における社会資源の活用，調整，開発

（1）社会資源のイメージ

　社会資源という言葉を聞くと，一般の人はどのようなイメージを抱くだろうか。石油などのエネルギー資源をイメージするかもしれない。ほかに，水産物など自然からえられるものを思い描くかもしれない。

　社会福祉における社会資源とは，『現代社会福祉用語の基礎知識（第12版）』によると「社会福祉サービスを利用する人びとの生活上のニーズを充たすために活用できる種々の制度，政策，施設，法律，人材などのこと」と記されている。つまり，生活課題を抱えた人びとに対してその課題を解決・改善するための人や施設，物，情報などを指している。

　社会資源は，一般的には「フォーマルな社会資源」と「インフォーマルな社会資源」に分類することができる。

（2）フォーマルな社会資源

　フォーマルな社会資源とは制度化された社会資源のことをいう。フォーマルな社会資源の代表的なものとしては，国の法律や制度，公的機関などがある。また，フォーマルな社会資源は，制度化されたサービスや施設などであることが多いため，その機能は全国一律になっていて，どこでも同じ支援が受けられるという利点がある。つまり，フォーマル・ケアは一定の基準で支援がされており，安定的な供給が可能である。ただし，柔軟な個別的対応がとりにくいという面がある。

　つまり，利用要件や利用料等，一定の要件に当てはまれば，どんな人でも利用可能な社会的に用意されたものであるといえる。提供主体も自治体や公益法人以外に，民間企業までさまざまである。支援の提供者は，提供機関の職員であることから専門性は一般的に高く，支援の継続性や安定性の面から安心できる。そのほかに，フォーマルな社会資源は公的な機関が中心となって運営されているため，運営側の事情によってサービスの提供が急に終了するということはあまりなく，継続的に利用できるといえる。

フォーマル・ケア

　行政，社会福祉法人，地域の団体・組織，民間企業などに属する専門職によって提供される公式なケアの総称。専門職による援助は，一般に訓練と経験によって修得した基準に基づいており，さらに，援助の責任と権限が公式に認められている。

（3）インフォーマルな社会資源

　インフォーマルな社会資源は，利用者との間で結ばれる私的な人間関係のなかで提供されるものであり，その担い手は本人の家族や友人，仕事の同僚や上司，近隣の住民，知人など，コミュニティのなかで関わりをもつ人，そしてボランティア団体による活動など，公的機関以外によって提供されるインフォーマル・ケアなどが含まれる。これらの支援者はフォーマルな社会資源に比べて専門性は低い場合が多く，また長期にわたる支援という面では安定性に欠ける

インフォーマル・ケア

　個人をとりまく家族，親戚，友人，同僚，近隣，ボランティアなどによって提供される非公式なケアの総称。個別のニーズへの柔軟な対応は可能であるが，専門性に欠け，安定した供給には問題がある。

が，利用者との間で結ばれる関係性はフォーマルな資源に比べて親密な場合や，融通性が高いという特徴がある。つまり，制度に束縛されずに利用者のニーズに柔軟に対応できるという特徴があるが，財政的な基盤が弱い場合や，支援者の意向で活動が終了してしまうこともありうる。

インフォーマルな資源は，公的なサービスが対応しにくい時間帯に支援を提供している場合や，公的サービスが提供していない援助を提供していたりすることもある。また，インフォーマルな社会資源は，フォーマルな社会資源が満たせない悩みや課題に対して対応できる側面をもつ。

インフォーマルな社会資源をどのくらいもっているかは，個人差が大きく，個人的な関係が基盤となることが多いため，自分をサポートしてくれていた人が，何らかの事情でサポートを続けることがむずかしくなることもある。これは，フォーマルな社会資源に比べて継続性や安定性において不安定であることにつながる。

(4) 社会資源の内容

社会資源の内容については，「人，もの，金，とき，情報」と分けられる場合や，「物的資源，人的資源，情報資源，関係的資源」に分けられる場合などがある。

いずれにしても，児童養護施設等の社会福祉施設や小学校や特別支援学校等の教育施設，地域住民の団体や協議会などは社会資源として位置づけられる。

また，保健師や看護師などといった医療職や，理学療法士や作業療法士などのリハビリ職，市役所などの自治体職員，保育士や社会福祉士等の福祉職などの専門職も生活課題を抱えた人びとを支える社会資源である。

ほかに，行政が発行する行政サービスの情報や，地域団体からの回覧板などの情報も大切な社会資源である。とくに，日本の福祉制度は申請主義であるため，自分で自分の問題を解決できるように力をつけていくためには，情報をいかに取得していくかが重要である。

そして最後に，相談援助者は，利用者の必要に応じて，社会資源の情報や利用方法を利用者に伝え，サービス利用に結びつけていかなければならない。そして，物的と人的ならびに情報的資源と関係を結んでいくときの媒体になる資源を関係的資源という。具体的には貨幣や地域，権利，信用などのことをいう。

(5)「本人」のもっている資源

相談援助者が注目すべき社会資源として，「本人」がもっている資源も重要である。内的資源とも呼ばれるが，問題が起きた経緯をもっとも理解しており，本当のニーズや，問題を解決するために何ができるのか，そしてどのような人や機関とつながりをもっているのか，これらのことを一番わかっているのは本

人である。こうした，本人がもっている情報を含む内的資源を大切に使いながら，本人を取り巻く社会資源をどのように活用するかを考えていくことが必要である。

これは，ストレングス視点を中心として，本人が状況を改善していくための意欲とその能力を発揮できるように，本人がもっているものをしっかりと把握するためである。相談援助者は，利用者の内的資源を活用することによって，利用者自身が生活課題を認識したうえで自身の力で解決していくことを支援していく必要がある。

相談援助者は利用者の内的資源を発見し，それを発揮できるように支援し，また周囲の状況ばかりに焦点をあてるばかりではなく，本人の力や思い，そして環境と本人との関係にもしっかりと目を向けながら支援をしていく必要がある。

> **ストレングス視点**
> クライエント（福祉サービス利用者）のもつ豊かな能力，成長への可能性などよい点に焦点をあて，ワーカーはクライエントの強さを引き出すために，彼らの説明，経験などの解釈に関心をもってかかわる。

（6）社会資源の実際

1）障がいのある乳幼児を例として

それでは，ここで乳幼児期における障がいのある子どもとその家族への支援を取り巻く社会資源を事例として取り上げ説明していきたい。

まず，乳幼児期において，障がいのある子どもや家族を支えるものとしては，保健所や保健センター，児童発達支援事業や児童発達支援センター，保育所や幼稚園などがファーマルな社会資源としてあげられる。これに，病院などの医療機関や児童相談所などの行政機関があげられる。

2）乳幼児健康診査と親子教室

それぞれの機関および施設は，国の法律や制度をもとに，支援を行っている。まず，保健所と保健センターについてだが，保健所は都道府県と政令指定都市，中核市，特別区などで設置できることになっている。保健所は本来，地域の公衆衛生のために作られたので，住民の健康を幅広い観点から守り保障する役割がある。具体的には，公害予防や結核予防，食中毒や狂犬病の予防等，健康を害するものを予防し，社会的に健康増進を図る機関である。保健所では，保健師だけでなく，栄養士，歯科衛生士，精神衛生相談員，検査技師など健康に関わるさまざまな専門職が働いている。住民の健康増進のための仕事のなかに，さまざまな健康診断や健康相談が位置づいている。障がいの早期発見に取り組んでいるのも，困難を早期に発見して重度化させないで，より健康な状態を生み出すためである。

保健センターは，市町村に設置されている。人口規模の小さい自治体では保健センターがない場合があり，その場合は役場に保健師が配置され，業務を実施している。1997年の地域保健法改正施行にともない，保健センターは，保健所の業務のうち健康診断，健康相談，保健指導に関わる業務を行うことに

なった。

　保健所と保健センターは，地域に住むすべての子どもの出生前からの健康と発達を保障する役割を担っている。なぜ，保健所や保健センターが地域に住むすべての子どもについて把握することができているかというと，乳幼児健康診査に関わっているためである。乳幼児健康診査は通常，健診と呼ばれることが多い。健診は通常3回行われており，乳児期（1歳になる前），生後1歳6ヵ月，3歳で実施されている。何ヵ月の時に実施するか細かい時期は，自治体によって少しずつ異なる。1997年に地域保健法が改正施行されるまでは，乳児と3歳児は都道府県の保健所が実施し，1歳6ヵ月を市町村が実施していた。1997年以降，すべての健診を市町村が実施することになった。

　乳児期健診の時期については，身体的な疾病や障がいの発見と，子育て不安への対応を主眼にして，乳児期前半の生後3ヵ月か4ヵ月に実施している自治体が多く，人口規模が小さい自治体では後半の10ヵ月にも実施している。

　幼児期の健診は，1歳6ヵ月と3歳の2回である。知的障がい，聴覚障がい，自閉症スペクトラムなどの主な発達障がいは，1歳6ヵ月児健診で把握されている。とくに，指差しや身振りといった前言語的コミュニケーションや，言語理解，多動やかんしゃく，夜泣きや偏食等の生活上の問題を通して，育てにくい子ども，将来的に発達障がいとして診断がつくことが予測される子どもを発見している。

　3歳児健診は，就学までに受ける最後の健診である。この時期の子どもの場合，新たに発見できる身体的な障がいは軽度の視覚障がい，聴覚障がいくらいで，主として発達障がいや情緒障がいへの対応や就園への指導が求められる。

　自治体によって実施時期は違い，3歳で実施する自治体，3歳半で実施する自治体などがある。いずれの場合も，この時期に新たに障がいが発見されるケースはそれほど多くはない。新たに発見されるのは，転入ケースの場合で，ちょうど1歳6ヵ月児健診の時期に転居したため，もとの居住地でも転入先でも受診しなかったような子どもである。

　出生児全員を把握し，健診に来ない場合は家庭訪問までして問題を把握することで，自治体に生活している障がいのある子ども，発達に弱さをもつ子どもが3歳児までにほぼ把握される。そこから，就学までに，こうした子どもたちと親に対して必要な支援をするとともに，就学への支援を進めていくことを見通して地域の取り組みの底上げを図っていくことが求められる。

　障がいがある，ないしは発達に弱さがある子どもを把握することは，親子への支援と結びつかなければならない。支援と結びつかず，障がいがあるかもしれないと伝えるだけでは，ただショックを与えるだけだからである

　どんな子どもにも素敵な可能性がある。そのことを親に発見してもらうために，そして必要な子どもには，専門の療育機関を利用することを選択してもら

うために，保健所や保健センターでは「親子教室」を実施している。しかし，すべての健診後に何らかの「教室」を運営しているという自治体は少なく，乳児向けの「子育て教室」と1歳6ヵ月健診後の「親子教室」の運営が一般的である。いずれも保健所や保健センターで運営する自治体もあれば，地域の保育所や子育て支援センターで実施している自治体もある。どちらが運営していても，次の専門的な機関に紹介する責任は保健機関にある。

「親子教室」のスタッフは，主に保健師と保育士で，発達相談員等の専門家が参加している自治体もある。また，次に紹介すべき専門機関である児童相談所や児童発達支援センター，児童発達支援事業の職員が参加し，親や子どもと関係を作る努力をしている「親子教室」が増えてきている。

乳児向けの「子育て教室」は，主に育児不安や仲間づくりへの対応を目的としている。1歳6ヵ月健診後の「親子教室」は，主に発達障がいのある子どもを対象にしている。保健師が育ちに不安を感じた子どもや親の不安が高い子どもを対象とし，楽しい教室として紹介し，そのなかで，専門機関に紹介する必要のあるケースをみつけるとともに，保育や子どもとの関わりを通して親との信頼関係を築き，次の場を選択してみようという気持ちをもってもらうようにするのが目的である。

3歳児健診後は，子どもの年齢が高く「親子教室」では楽しめないこともあるため，できるだけ入園前に専門機関を受診することをすすめるとともに，受診が困難なケースでは，保育所や幼稚園，認定こども園に入ってからのサービスのために，園への訪問許可を得ておくことが必要となる。保健師のバックアップや，専門機関の療育を併行サービスとして受けられる体制があれば，保育所や幼稚園，認定こども園も安心して子どもを受けとめられる。

すべての子どもを把握している唯一の機関として，保健所や保健センターは，地域の子育て支援施策の要となる必要がある。障がいのある子どもだけでなく，子育て不安や虐待等も，障がいのある人の世帯や外国人世帯の子育て事情も，全数把握しているのは保健機関だけだからである。

障がいのある子どもということについての専門性は，児童相談所や障害児入所施設，児童発達支援センターの方が高いが，児童相談所や専門施設は広域サービスを担当することが多く，自治体に根ざした施策は，障がいの発見機関である保健機関が担わなければならない。「親子教室」後に通える場をどうするのか，地元自治体に帰る場がなければ，どこにどうやって作るのかを，児童相談所や専門施設と協議することが必要になる。

3) 児童発達支援センター・児童発達支援事業

障がいのある就学前の子どもが通うことのできる場は大きく2つに分けられる。ひとつは，障がいのある子どもを主な対象とする，いわゆる「療育の場」である。もうひとつは障がいのない子どもとともに保育を受ける保育所や幼稚

園，認定こども園である。

療育の場には厚生労働省が管轄する児童発達支援センターと児童発達支援事業，および文部科学省が管轄する特別支援学校幼稚部が含まれる。ちょうど保育所と幼稚園のように制度が分かれているが，実際は，特別支援学校幼稚部が設置されているのは旧盲学校や旧聾学校が主であり，多くの障がいのある就学前の子どもは，厚生労働省管轄の療育の場を利用している。

わが国の障がいのある就学前の子どもの療育は，1963年の肢体不自由児施設の通園部から開始された。その後，1969年に肢体不自由児通園施設が制度化される。それまでは障がいのある子どもが通うことのできる施設はなく，24時間生活する入所施設しかなかった。

肢体不自由児通園施設は親が子どもの訓練を覚えることを目的としていたため，母子通園の形態をとっていた。1972年には現在の児童発達支援事業につながる，心身障害児通園事業（1998年より「障害時通園（デイサービス）事業」と改名された）が開始され，障がい種別を問わず母子通園療育が実施された。子どもだけが療育を受ける単独通園が開始されたのは1974年で，不就学児を対象としていた「精神薄弱児通園施設」（当時）に，就学前児童が通うことを厚生省（当時）が認めたことにより実現した。

この1974年は，通園施設に就学前の障がいのある子どもが親から離れて単独で通えるようになっただけでなく，保育所の障害児保育に対する補助制度も，私立幼稚園の障害児保育に対する助成制度もこの年に始まっている。

なぜ1974年に就学前の障がいのある子どもに対する施策が一斉に制度化されたかというと，この前年にあたる1973年に文部省（当時）が1979年4月1日の養護学校（当時）の義務制実施とそれまでの学校整備を宣言したことに関係している。

多くの障がいのある子どもは，1979年に「養護学校義務制」が実施されるまでは，義務教育すら受けられなかった。そのため1960年代の半ば以降，全国各地で「どんなに障がいが重くても学校教育を受ける権利がある」という就学権保障運動が施設職員や教員を中心に展開され，不就学児の実態調査も取り組まれていた。そうした実態調査のなかで不就学児の死亡率が以上に高いことが示され，不就学児にたとえ週1回でも，月1回でもよいから家を出て仲間と活動する機会を保障しようと，「日曜学校」「土曜学校」などが大学生たちの手ですすめられた。

そうした取り組みによって子どもたちが変わるという事実が親たちの心を動かし，「すべての子どもに教育を」の声が全国に広がり，東京都や京都府のような革新自治体は国に先駆けて「全員就学」を打ち出し，先述した1973年には当時の文部省が政令339号で1979年4月1日の義務制実施とそれまでの学校整備を宣言した。

　この就学権保障運動は，就学前の親たちをも動かした。就学前の障がいのある子どもにも集団の保障をしてほしいという願いが乳幼児をもつ親たちに広がり，東京などの親たちの自主保育が心身障害児通園事業につながり，大阪府下の自主保育が幼児のための通園施設の認可につながり，そして滋賀県大津市をはじめとした希望する障がいのある子どもを保育所や幼稚園に受け入れるという取り組みが統合保育の制度化につながった。就学前の障がいのある子どもにも日々通える場が必要だという父母の声が，療育と保育のいずれの場についても制度化することを実現したのである。

　こうして療育や保育の制度ができたものの，1970年代の療育や保育は，おもに4歳児以上を対象に，都市部を基本にして取り組まれたため，たとえば制度のより整った大津市に転居する障がいのある子どものいる家族が続出するなどのことが起こった。また都市部において保育所での統合保育が制度化されるにつれ，通園施設の定員割れが発生し，4歳以上の障がいのある子どもを保育所と取り合うなどの問題も生じてきた。1978年に1歳6ヵ月児健診が制度化され障がいのある子どもの発見時期が早まると，3歳未満の障がいのある子どもが通える場のないことが明らかになってきた。

4）保育所や幼稚園での障がい児保育

　保育所や幼稚園は障がいのある子どもの専門施設ではないが，地域の身近な子どものための保育機関として乳幼児健康診査から親子教室のシステムや障がい児保育制度が整う以前から障がいのある子どもを受けとめてきた。障がいのある乳幼児のための施策は全国で地域間格差が非常に大きく，自治体では児童発達支援センターなど専門施設が整備されたうえで早期療育の発展として保育所や幼稚園が位置づく地域もあれば，地域で保育所や幼稚園が唯一の受け皿である市町村もある。

5）保育所

　保育所における障がい児保育制度は，1974年に国から通知が出て始まった。

　保育所は「児童福祉法」に定める児童福祉施設で，保育の必要な子どもを預かり，保護者の就労を保障するための施設だが，子どもが仲間とともに毎日生活する場所としての，発達保障のための施設でもある。そして今日では，地域の子育て支援センターとして，子どもの相談や園庭開放などが行われ，育児支援の機能も果たしている。

　障がい児保育の制度は，1974年に厚生省から「障害児保育事業の実施について」の通知が出され「障害児保育実施要綱」に基づき始まった。当初，障がい児保育事業の補助金対象は4歳以上で軽度の障がい，定員90人以上の保育所で障がいのある子どもの数がその1割程度に及ぶことなど厳しい制限があった。数度の変更があり，1989年度からは国の特別保育事業のなかの「障害児保育事業」として位置づけられた。2002年度までは障害児保育事業の対象は，

当時の基準で保育に欠ける障がいのある子どもであって，集団保育が可能で日々通所できるもので，特別児童扶養手当の支給対象児，つまり，おおむね中程度以上の障がいのある子ども，身体障害者手帳の1級か2級，療育手帳のAかBで，人件費への補助金として支給されていた。この制度は2003年度より補助金制度から一般財源化された。

　自治体の障がい乳幼児施策のなかでの保育所の役割は，障がいや発達上の課題をもつ子どもの発達を保障する役割，障がいのある子どもの保護者の就労を保障する役割，地域療育システムの一環としての障がいのある子どもの保育機関であることという役割に整理することができる。

　障がいのある乳幼児の地域療育システムは，地域間格差が大きく，児童発達支援センターや児童発達支援事業の設置は増加してきているとはいえ全国的には不十分で，障がいのある乳幼児の圧倒的多数が保育所に在籍している。保育所は，障がいのある子どもの療育や保育の受け皿として，また障がいのある子どもの発達保障の場として大きな役割を果たしてきた。保育所における障がい児保育制度は，施策の基盤となる自治体の地域療育システムによって変わってくる。

　児童発達支援センターや児童発達支援事業などの障がいのある専門施設がある地域では早期療育を受けた後の発展として保育所が位置づく場合もあるが，保育所が障がいのある子どもの唯一の受け皿である地域も全国には多数存在している。また，統合保育への期待から保育所が障がいのある子どもの受け皿になっている地域もある。このように専門療育機関の有無や定員，療育対象児の年齢や障がいの状況，通園回数などの違いによって，保育所での障がい児保育の対象が異なる。

　障がいのある子どもの発達課題に合わせた取り組みを行うために，保育所ではいろいろな実践が工夫されている。実践をすすめるためには，まず子どもの発達や障がいについて職員集団で共通の理解をもちながら，子どもの発達への願いをつかんで，どういう子どもに育てたいかを考える。発達においては，能力だけでなく，人との関係性や，人格の基礎となる自我の育ちを把握しておくことが重要である。

　実践を考える際には，子どもらしい，いきいきとしたはりのある生活をつくるための日課の組み立て方，クラス集団の保育の流れと障がいのある子どもの活動の接点をどうもたせて日課を作るか，子どもにとってわかりやすい空間の構成やあそびをつくり出しやすい保育室や園庭の工夫などに視点をあてる。そのうえで，生活リズムや基本的生活習慣の形成を図るための取り組み，身体づくりやことばやイメージを広げ，仲間関係を深めるためのあそびの展開，自我を豊かに育むための実践などを進めている。

　集団編成や集団づくりでは，障がいのある子どもの発達に求められる人間関係について検討する。保育所では，障がいのある子どもはまわりの大人や子ど

もに教えてもらい，導かれることが多くなりがちである。しかし，そうした関係とあわせて，自ら気づいたり考えたり，自分でああなりたいとあこがれて努力したり，対等な関係で自我と自我とをぶつけあうような子どもどうしの関わりが必要となる。さらには年齢が高くなれば自分より小さい子を導くような関係も大切になる。こうした質的に異なる関わりができる複数の集団を保障することが必要となる。

　そして時間や日課の軸と集団という軸を視野に入れて実践を組み立てる。障がいのある子どもがなんとなく流れについていくだけでなく，活動の目的がわかって動き，日課のなかに障がいのある子どもの出番や役割をつくり，子どもが主体的に参加できる場面を作ることが求められる。集団の活動する場合には，障がいのある子どもにとって意味のある活動をクラスの保育のなかに位置づけていくことを考える必要がある。さらに，障がいのある子どもを含めた集団づくりやクラスの子どもとの育ちあいをどう図っていくのかは，保育所独自の課題である。

6）幼稚園

　幼稚園は，学校教育法に基づく教育機関で，3歳児から5歳児が保育を受けている。幼稚園における障害児保育制度は，保育所における障害児保育実施要綱が定められた同じ年の1974年より，国から「私立学校特殊教育費補助」という補助金で始まった。これは，障がいのある子どもを10人以上受け入れている私立幼稚園に支出されるというものであった。その後何度か制度改正があり，現在では「私立高等学校等経常費助成費補助金交付要綱」のなかの「障害児幼稚園助成事業」として位置づけられている。

　市町村では，私立幼稚園の障がい児保育に補助金を出し，公立幼稚園に障がい児加配教員や介助員をつけるなど障がい児保育の制度化を図っているところもある。また行政や専門施設の心理職が巡回相談を実施している地域もあるが，これは全国でも非常に限られた自治体で，保育所よりも少ないのが現状である。幼稚園に通う障がいのある子どもの発達相談を実施している自治体でもほとんどは保健センターなどの個別相談で支えられている。

　幼稚園は保育所とは違って，保護者の就労など「保育の必要性」の要件が不要なため，就労していない場合は利用しやすい条件である。各地の保育所で待機児童が増加する中で，保育所に入所できない障がいのある子どもが幼稚園に入る事例もある。さらに幼稚園で保育時間の延長が預かり保育として行われており，通園バスによる送迎があるなど保護者にとっては利用しやすくなっている。幼稚園は，幼稚園設置基準や幼稚園教育要領で，一学級35人以下を原則とし，教育時間は1日4時間を標準とすると定められ，一担任制を基本としているが，集団規模や職員配置などの保育条件や保育内容は園ごとに大きく異なっている。

2　社会資源の活用，調整，開発の意義

（1）社会資源の活用

　私たちは普段，フォーマルな社会資源，インフォーマルな社会資源を活用しながら生活している。しかし，すべての人が社会資源の活用法を十分に理解しているわけではない。自分たちを助けてくれる社会資源がどこで利用できるのか，または利用のためにはどのような手続きが必要なのかを知らない人もいる。このような場合には，当事者が社会資源を活用することを支援する必要がある。

　社会資源を活用することは，利用者の生活課題を解決するために行われる実践であり，利用者自身が生活を営んでいくことに希望を見出していくことを支援していくのである。その結果，利用者が自らの人生を自らの力を中心にしながら作り上げていくことにつながる。

　これは，地域の社会資源を活用することによって社会資源とのつながりが生まれることにつながる。また，社会資源と組み合わされていくことによって，利用者自身の内的資源を高めていくことになる。そうすることによって，新たな社会資源と関係性が生まれ，利用者がまた何かの問題を抱えたときにも，社会資源を活用しながら解決を図れるようにしていく力をつけることが大切である。

（2）社会資源の調整

　社会資源は利用者のニーズを充足するために活用されるものである。そして，相談援助の実践は，生活上の困りごとは個人と環境の交互作用によって生み出されるという認識のもと進められていく。援助者が困りごとの緩和や解決のために働きけることとして，次の3つがあげられる。ひとつめは，利用者個人にはたらきかけて，利用者の力を高める。2つめは，利用者を取り巻くさまざまな環境に働きかけて，環境の力を補う，あるいは環境を大きく変える。3つめは，個人と環境の調整を図るということである。

　このなかで個人と環境の調整を図るということがある。援助者は，さまざまな社会資源と利用者をつなぐ仲介役を果たすことになる。こうしたつなぐ役を行うためには，援助者は地域にあるさまざまな社会資源について知識をもっておくことが必要になる。それは，単に利用者の暮らす地域に社会資源があるということを知っているだけでは不十分である。それぞれの社会資源に対して，特徴を知っておくだけでなく，社会資源のアセスメントを行い，最大限に活用できる方法を知っておく必要がある。

　これらを実現させていくためには，援助者が利用者とともに必要な社会資源の選択とその必要量の調整を行うことが必要となってくる。調整作業は，まず，利用者と行政機関や施設などとのサービス利用の調整を行わなければならない。

さらに各支援を提供する機関や事業所と利用者に必要なサービス量を検討するための調整を行っていく必要がある。つまり，同じような内容の社会資源が同じ地域にいくつも存在していることもあれば，まったくない社会資源も存在する。そのため，支援の隙間を作らないように，関係者で協議しながら支援の内容を調整するといったことが必要になってくる。

援助者は，それぞれの施設や支援者に対して利用者の了解のもとに利用者の情報を提供し，利用者がどのような暮らしをおくりたいと願い，その実現を何が阻害しているのか，その状況をどういった方向性で解決するために何を依頼したいのかということについて理解を深めていく。そして，それぞれの施設や支援者が多職種チームとして機能するように調整していく。これも社会資源の調整として，関係機関や援助者が円滑なチームアプローチのもとサービス提供をするために大切なことである。

また，支援を受けている場合でも，新たな問題点が生じた際には，必要なアセスメントを通して，サービス利用の再調整を行っていく必要がある。たとえば，必要でなくなった社会資源の整理なども調整の過程として行われる。

つまり，社会資源の調整とは，利用者が自分に必要な社会資源を選ぶことができるよう支援すること，利用者に適切な支援ができるよう各種の社会資源間の連携を進めること，利用し始めた支援が満足いくような内容で使い続けていけるよう個人と環境に働きかけることである。

（3）社会資源の開発

社会資源を用いた援助は重要なことであるが，地域によっては，必要な社会資源が存在しない場合がある。また，既存の社会資源では解決できない問題も生じている。そのような場合に，社会資源と利用者のつなぎ方の見直しや，新しい社会資源の開発が必要となってくる。

社会資源の開発は，その地域の社会資源を増やすこと，利用者の社会資源利用の選択肢を増やすことなどを目的として行われる。社会資源の開発の代表的なものとして，規定の社会資源の再資源化と，新たな社会資源の開発を紹介する。

再資源化とは，既定の社会資源によって提供される働きに対して，新たな働きを追加したり，既存の働きを変えたりする手法である。これは，援助者が利用者を援助している初期場面では，援助対象の機関や施設に含めていないところに対して働きかけを行い支援が受けられるようにしていくことや，通常の支援範囲を超えた対応を求めていくことを意味する。さまざまな社会資源は，それぞれに利用者の要件を定めている。しかし，ほかに適切な社会資源がなく，その資源が利用者のニーズを満たすことができるサービス提供能力をもっている場合，利用者はその社会資源に対して利用要件の緩和やより柔軟な対応をす

ニーズ
人間が社会生活を営むうえで必要不可欠な基本的要件を欠いた場合，発生するのがニーズである。ニーズは福祉サービスに対する必要，要求，需給，需要，困窮等と訳すことができ，その性質によって分類される。

るように働きかける必要がある。

　しかしながら，再資源化は社会資源側に今以上の対応を求めることになり，現状でも多忙な状況であるのに，さらに負担を求めることになる。そのため，利用要件の緩和は簡単には進まない。このように，再資源化のプロセスでは，既存の社会資源の提供者に改善や修正の必要性を説明し，協力を求めることが必要である。そのためには，日々の実践のなかで感じている事柄を説明できるプレゼンテーション能力が求められ，さらに交渉の技術が求められる。交渉には，協調的交渉と競合的交渉があるといわれる。この場合には，援助者が社会資源側に譲歩を求めるばかりではなく，支援を行う社会資源側にとっても何らかの利益があることを示していくことが重要になる。単に妥協や譲歩を求めるのではなく，双方が現状では支援を受けることができないでいる利用者の問題を「われわれの問題」として，とらえるようにしていくことが重要になる。

　次に，新たな社会資源の開発であるが，これは既存の社会資源における再資源化よりも，多くの労力と時間を要する作業となる。こうした取り組みで新たな社会資源を創出するためには，人，モノ，金，時，情報などのさまざまな社会資源を導入しなければならないからである。

　社会資源開発の取り組みには，ひとつの機関や団体が単独でサービスを作り出し，自ら運営する場合と，地域の機関や団体が相互に支援し合って開発や運営を行う場合がある。また，社会資源を開発したことによって利益を受けるべきなのは地域住民であるため，社会資源の開発段階から地域住民との協働を意識して行うことが大切になってくる。

　社会資源の開発を行うためには，地域にどのような資源が足りないのかを見極めていくことが必要になる。この不足する資源の見極めは，個別ケースの支援のなかから行われることもあれば，地域住民や福祉ニーズをもった人たちに対するニーズ調査から発見できる場合もある。これは，援助者が利用者の個別支援を行いながら，現在の支援システムも視野に入れ，その改編を図るために関わっていく必要がある。

　社会資源開発の必要性は，ひとりの援助者が行う実践のなかから発見されていくが，援助者ひとりで資源開発のための活動を展開することは困難である。地域のネットワークや組織と協力して展開しなければ開発までは実現できない。そのために，援助者は日ごろから地域のさまざまなネットワーク，組織と関わりをもち，必要なときには協働作業が行える関係を構築しておく必要がある。

(4) 社会資源の活用，調整，開発の実際

1) 社会資源の活用で支える

　ここでも，障がいのある子どもの社会資源を例に話を進めていく。

　障がいのある子どもとその家族にとって，早期に社会資源を活用することは，

障がいによる生活上の困難の軽減につながる。また，フェニールケトン尿症やクレチン症のような先天性代謝異常による知的障がいは，新生児の集団検査により早期に治療を開始することで予防できるようになった。新生児における聴覚障がいの発見体制も整えられつつある。早期に発見し早期に補聴器を着けることで音を聞き取る能力が高まり，自然な発生が促せるからである。脳性まひを早期に発見し，早期に訓練を開始して運動発達を促進することによって，からだの自由度を高める取り組みの意義は広く認められているところである。

　そのため，なるべく早く障がいを発見し，必要な手立てをとることが重要になる。しかし，早期の取り組みは治療や訓練に限られるものではない。

　子どもに障がいがある場合，子どもは自分の可能性を十分に発揮できず，そのために親からみると特有の育てにくさが生じてくる。偏食が目立つ，夜泣きがひどい，体力がなくすぐに肺炎になる等といった生活上の問題は，毎日のことであり，また毎日数回にわたり取り組むため神経も使い，気持ちが休まらず，体力的にも負担が大きくなる。入退院を繰り返す場合，他にも幼いきょうだいがいるときょうだいの処遇も含めて心理的にも体力的にも負担が拡大する。

　また，子どもたちは障がいのために，父母や家族と楽しく交流する力を育みにくく，世話に負担がかかるのに，笑顔や順調な成長といった子どもの側からの発信がみえにくく，それが子育ての負担感を増大させる。抱こうとすると緊張して泣く，逃げる，話しかけているのにことばが出ないといった姿は，子育てのやりがいを感じにくくさせる。また，パニックを起こし泣き叫ぶ，よその子どもを突き飛ばすといった行動は，まわりの理解をえにくく，子育てを担っている母親を不安にさせる。

　こうした生活上の問題に対して親が前向きに取り組むためには，どうすれば少し楽になるのかという見通しや取り組み方が示されること，自分だけがたいへんなのではないと助け合える仲間の存在，からだや気持ちがつらいときに安心してひと息つける条件，きょうだいや家族に対しても支援があり，母親が心苦しい思いをしなくてもよい条件づくりが必要になる。

　育てにくいわが子をかかえて日々つらい思いをしている親にとって，もっとも必要なのは，目の前の子どもに対する具体的な取り組みである。まじめな親ほど，親として何か取り組みたいと考えてあせってしまう。ひと息つくことや，からだを休めることは，親の役目の放棄だと思っている親もおり，家族もそう考えていることもある。したがって，とくに母親に対して，いま子どもにしてやれることを助言し，具体的に体験してもらうことが必要になる。

2）インフォーマルな社会資源の開発

　インフォーマルな社会資源の開発として，親に仲間を保障する取り組みがある。親は仲間との交流を通して，子どもの育ちの見通しや，父母のがんばりが感じられると，自分だけではないと，気持ちが前向きになる。とくに重度障が

いのために入院している場合には孤独に陥りがちになる。そうしたときに同じ
ような障がいのある子どもをもつ親と出会えて，お互いの思いを語り合うだけ
でも気持ちが楽になる。「親の会」を作っていくことで，親同士のつながりを
作っていくことも大切な支援である。

　子どもに通う場を保障すると親どうしの出会いがふくらむ。親どうしがお
しゃべりを楽しむためには，子どもから少し離れる機会が必要になる。保育士
がみていてくれる安心感が父母の交流を促進する。

　昼間，子どもが通う場ができると，子どもと離れてひと息つける機会が広が
り，わが子の変化を少し冷静にみることができ，自分の好きなことを楽しむゆ
とりもできる。しかし，親子通園のために子どもと離れる機会が少ないうちは，
発作や多動のために安心して買い物にも行けないといった大変さが継続するこ
とになる。とくに障がいが重い場合，夜間の介助が必要なときや，子どもが睡
眠障がいのために親が夜に十分眠れないといったつらさを抱えている。そうし
た場合に，ゆっくり眠ることや，必要な買い物が心置きなくできる当たり前の
生活を保障するために，ホームヘルパーの活用をすることが考えられる。

　子どもが幼いということは，きょうだいも幼いということである。親の見守
りと子どもらしい生活を必要としているのに，病院通いに付き添わせ，しっか
りと関わってあげられない，そのことがとくに母親の心理を不安定にさせるこ
とがある。きょうだいが楽しく日々を過ごせるような保育の保障，きょうだい
とじっくり関われる機会の保障などを検討する必要がある。

　そして，母親を対象に進められる支援が，父親，祖父母などの家族にも広げ
られることも必要である。夫婦で障がいのとらえ方に違いがあることで，進路
選択で齟齬が生じることや，子どもに手をとられる妻や嫁への不満から母親が
苦しめられることも出てくるからである。父親や祖父母も，つらいのは自分た
ちの家族だけではない，支え合えば問題を乗り越えられていくことを，他の家
族との交流を通して実感していくことが大切である。

3）社会資源を活用するためには身近な地域で

　障がいのある子どもや家族に対する早期の取り組みは，親にとって活用しや
すいものでなくてはならない。重度障がいやダウン症，聴覚障がいのように，
比較的早期に診断がつき，また医学的な検査で事実を受け入れなければならな
いような場合は，何をしたらよいのかを親は求めている。したがって，障がい
を診断されたらすぐに，通う場と仲間を保障し，何に取り組むかをみえやすく
する必要がある。

　一方，自閉症スペクトラムのように，見た目や医学的な検査では何ら問題な
く，生活上の育てにくさが前面に出ている障がいの場合は，親はなかなか障が
いとは認めにくいものである。個性や少し変わっているだけと思いたい気持ち
もあるため，時間をかけて理解していく必要がある。そのため，障がいと認め

ることを前提にするのではなく，生活のつらさを軽減することに主眼をおいて，当面は対応していくことになる。たとえ1週間に1日でも通う場ができると，その日はよく遊ぶためよく眠るようになり，好きなあそびができると仲間にも目を向けるようになり，片づけができるようになるなど，親からみたらうれしい変化がみられるようにもなる。

　子どもが変化していく喜び，変化を生み出す保育士への信頼，でも他の子と比べたら変化が緩やかだということに気がつきはじめたとき，診断を受けること，障がいを受けとめることへの個々の準備につながっていく。したがって，こうした子どもの場合，障がいを前提とせずに近くで利用できる支援が必要となる。遠いと幼い手のかかる子どもを連れ歩くたいへんさが利用への抵抗感を生み，利用されにくくなるからである。現在は自治体の保健センターや子育て支援センターでのグループ，児童発達支援センターでのグループ療育，児童発達支援事業での受け入れ等が取り組まれている。

4）複数の社会資源を使う場合の調整

　保育所は，障がいのある子どもの専門施設ではないため，保育所に入所しながらの定期的に専門施設にも通園する，併行（並行）通園が以前から行われてきた。

　国は，併行通園を専門施設での専門的指導や訓練をすることを目的としているが，リハビリテーションと保育とがバラバラになり，分断されないように，それぞれの役割を明確にしつつ連携を図り，子どもの生活をまるごと押さえた取り組みが求められる。

3　社会資源の活用，調整，開発の課題

（1）社会資源へのつながりにくさ

　社会資源には，それぞれの特性においてアクセシビリティの差異があるといわれている。つまり，利用者が利用しやすい社会資源なのか，利用しにくい社会資源なのかという差異があるということである。そこで，援助者には，利用者が利用しにくい社会資源を利用しやすいように支援していくことが求められる。

　障がいのある子どもが療育機関を利用することを例にすると，保健センターや子育て支援センターは，一般の子どもも利用する機関であるため，一般に利用への抵抗感としての壁は低いものとなる。しかし，「障がい児」と名のつく機関を利用することは，幼い子どもの父母にとっては抵抗がある。そのため，児童発達支援センターや児童発達支援事業との橋渡しのために，保健センターや子育て支援センターのグループに障がいのある子どもの機関の職員が参加している地域もある。人でつながり，人を通して信頼関係を広げていくという取

り組みである。

　親は肢体不自由やダウン症などのはっきりした障がいであっても，子どもが幼いうちは「障がい児」として利用申請することにためらいが生じることもある。親としてわが子に「障がい」というレッテルを貼るように感じるからである。知的な遅れのない発達障がいのように，みえにくい障がいとなればなおさらである。

　こうした幼い子どもの親の心情を踏まえ，障がいと認めなくても，障がいに基づいて利用申請をしなくても，必要な支援を受けることができるような柔軟なシステムが求められている。必要な支援を子どもと親が気軽に利用できる制度とシステムがあって，初めて父母が選択できる社会資源となる。

(2) 変化する社会資源への対応

　援助者が利用者を支援する場合，実際には社会資源が不足していることがある。また，今まで存在していた社会資源が，さまざまな事情で消滅することも想定できる。このような社会資源が消滅した結果，地域から離れた都市部にしか社会資源がないという状況も生まれる。このような状況では，交通機関等の整備状況も含め，社会資源にアクセスできないという状況が生まれる。このように社会資源は，常に固定しているものではなく，変動するものであると理解しておく必要がある。その一方で，社会資源の開発などにより，新たに社会資源が増えていくことも想定されるため，地域における必要な社会資源が充足しているか，その都度把握しておくことが必要である。

　このように，変化する社会資源への対応のため，地域社会全体で社会資源を調整していくことが求められるようになってきている。

(3) 社会資源としてのソーシャル・キャピタル

　地域社会のつながりが希薄になったといわれており，その解決策として新たな地域福祉活動が各地で行われるようになってきている。それは，地域での人間関係や互いの見守りの必要性も再認識されてきたからでもある。そして，社会資源としての「ソーシャル・キャピタル（社会関係資本）」を活用していく必要性も指摘されている。

> **ソーシャル・キャピタル**
> 「社会関係資本」と訳すのが一般的である。従来の「個人」の人脈等に注目した理論ではなく，「地域」や集団に蓄積されていくものであるという考え方。ソーシャル・キャピタルが豊かな地域は，健康度が高く，注目される。

(4) 社会資源のネットワーク化

　社会資源の活用において，その実践が一度限りの実践になってしまわないように，社会資源間のネットワーク化も必要であると指摘されている。ネットワーク化には，連絡と連携が欠かせない。

　連絡とは，コーディネート機関が必要な機関や事務所に連絡をとり，それぞれが独自でクライエントと関係を図っている段階のことである。連携とは，

コーディネート機関が関係者間で共通の認識や目的をもち，連携した実践を行う段階のことを指す。そして，それらの社会資源が連携して地域における支援システムを構築するために，統合した援助を行っていくことが必要である。

このように社会資源間のネットワークを地域のシステムとして発展させていく視点をもつことで，継続した地域支援システムが形成されていく。

保育所での障がい児保育を中心として例にとると，保育所での障がい児保育の地域間格差は大きく，保育士加配や巡回相談など非常に不十分な条件のなかで障がいのある子どもを受け入れているのが現状である。国や自治体の公的責任で障がい児保育制度を確立していくことが継続した課題である。

保育所が障がいのある子どもの受け皿としての役割だけではなく，発達保障の場として障がいのある子どもの特別な教育的ニーズに応えるためには，療育機関の充実やネットワークの発展と障がい児保育制度の整備とを両輪として，それぞれが高めあう地域療育システムをつくることが重要である。そして，障がい児保育制度の前進のためには，保育所には限界や制約があるという認識をもちつつ制度を発展させる必要がある。また各自治体では地域療育システムのなかで求められる障がい児保育の役割を検討し，条件の整備やどのような質の保育が必要かを考えなければならない。そして，障がい児保育の専門性を高めつつ保育実践をすすめ，関係機関と連携しながら障がいや発達，生活，家族支援などを総合的にとらえた障がい児保育全体の質的な向上を図ることが大切である。

参考文献

近藤直子『"ステキ"をみつける保育・療育・子育て』全国障害者問題研究会出版部，2015 年

社会福祉士養成講座編集委員会編『相談援助の理論と方法Ⅱ（第 3 版）』中央法規，2015 年

成美美治・川島典子編著『地域福祉の理論と方法』学文社，2013 年

松原康雄・村田典子・南野奈津子編『相談援助』中央法規，2015 年

プロムナード

地域に通える場があること

　子どもに障がいがあるとわかったとき，親はどのような気持ちになるでしょうか。多くの親は，どうしてよいかわからないという状況からスタートするのではないでしょうか。障がいの発見は，その後に支える支援があってこそ，意味のあるものです。ただ，障がいのあることがわかればよいというものではありません。

　また，支える場があったとしても，喜んですぐに通えるようになるかといえば，そうでもありません。わが子の障がいを認めるというのは，そんなに簡単なことではないのです。

　障がいがあることによって，さまざまな育てにくさが生じますが，まず支援で大切なのは，毎日の子育てに対する大変さを軽減し，からだを楽にしてもらうことです。からだがつらいと子どもとじっくり向き合う気力もわいてきませんし，子どものかわいさよりも大変さに目が向きがちになります。

　そこで，家庭での子育てを支えるために，子どもと離れていても，母親が安心してからだを休めることができるような「子どもの通う場」をつくることが必要になります。

　子どもに通える場ができることは，親が息を抜け，親仲間と出会いつらいのは自分だけではないことや，子育ての取り組みや工夫を交流することもできます。また，子どもに通う場ができるということは，何よりも子どもが変わる可能性ができるということです。実践のなかで子どもが変わることによって，親は前向きな気持ちをもつため，通える場が必要なのです。

学びを深めるために

近藤直子・全国発達支援通園事業連絡協議会編著『ていねいな子育てと保育』クリエイツかもがわ，2013 年

　障がいのある子どもとその家族を支えるための社会資源である児童発達支援事業を中心に，親子が安心して暮らしうる地域のあり方が，親子が関わる地域機関と療育機関との連携の取り組みから紹介されています。

第 **8** 章

関係機関との協働並びに主な実施機関

1　関係機関との協働・連携

　「協働」とは，文字通り，同じ目的のために，対等の立場で協力してともに働くことである。ここで問題となるのは，誰（どこ）がそれを行うのかということである。

　児童虐待や子どもの貧困の問題等を抱えている子ども・家庭，また障がいのある子どもや子育てに不安感を抱えている家庭など多様で複雑な子どもや家庭がある。たとえば，増加傾向にある児童虐待の問題を取り上げて考えてみよう。たとえば，保育所でアザ等を発見し虐待の疑いがあることがわかれば，園内での情報共有はもちろんのこと，児童相談所への通告が行われる。その後児童相談所を中心として，調査のために保健師が家庭訪問を行ったり，きょうだいがいれば，小学校や幼稚園等へも連絡が行くかもしれない。また，一時保護の必要性があれば，一時保護所との調整も必要となる。措置内容によっては児童福祉施設との連携の必要も出てくる。このように，ひとりの子どもや家庭を支援していく際にもこうしたさまざまな社会資源を活用し，そして連携を行わなくては効果的な課題解決には結びつかない。つまり，ここに出てきた機関すべてがこの子どもや家庭が抱える問題解決に向かって「協働」していく必要があるのである。

　ここでいう「連携」とは何なのであろうか。連携とは「互いに連絡をとり協力して物事を行うこと」であり，協働するためにはこの連携が必要不可欠であるといえる。また，「連携」といっても，同一機関・施設内における他職種連携，他機関・他施設における同職種連携，他職種連携の 3 種類がある。

児童虐待

　親などの養育者から，子どもを殴る，蹴るなどの暴力を受ける（身体的虐待），栄養不良や極端な不潔などの不適切な養育，育児放棄（ネグレクト），近親相姦など性的な対象にする（性的虐待），無視やからかい，蔑みなど心理的外傷を与える（心理的虐待）などの行為全体をいう。

社会資源

　社会福祉的サービスを利用する人びとの生活上のニーズを充たすために活用できる種々の制度，政策，施設，法律，人材などのこと。

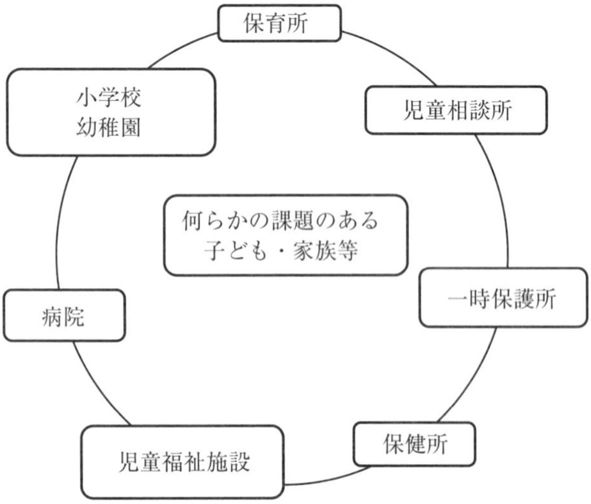

図 8 − 1　関係機関との連携のイメージ

出所）筆者作成

　本章では，相談援助に際して，協働が必要になるであろう主な関係機関について概説していく。

2　福祉事務所

　厚生労働省によると，福祉事務所とは，社会福祉法第14条に規定されている「福祉に関する事務所」をいい，福祉六法（生活保護法，児童福祉法，母子及び父子並びに寡婦福祉法，老人福祉法，身体障害者福祉法および知的障害者福祉法）に定める援護，育成または更生の措置に関する事務（政治的判断をともなわない業務全般）を行っている社会福祉行政機関である，とされている。都道府県および市（特別区を含む）は設置が義務づけられており，町村は任意で設置することができる。2016年4月現在，全国に計1,247ヵ所ある（表8-1の通り）。

　1993（平成5）年4月には老人福祉法および身体障害者福祉法，2003（平成15）年4月には知的障害者福祉法に基づく，施設入所措置事務等が都道府県から町村へ移譲されたことから，都道府県福祉事務所では，生活保護法，児童福祉法，母子及び父子並びに寡婦福祉法に基づく措置の事務を行うこととなった。

　福祉事務所には，社会福祉法第15条に基づいて，表8-2のように職員が配置されている。また，このほか，老人福祉の業務に従事する社会福祉主事，身体障害者福祉司，知的障害者福祉司などが配置されている福祉事務所もある。

> **措置**
> 　いわゆる「福祉六法」に規定されている「福祉の措置」を実施する行政機関の措置権に基づいて，福祉サービスの提供に関する決定をすること。

表8-1　福祉事務所の設置状況

設置主体	都道府県	市（特別区含む）	町村	計
箇所数	208	996	43	1,247

出所）厚生労働省ホームページ「福祉事務所」
　　　http://www.mhlw.go.jp/stf/seisakunitsuite/bunya/hukushi_kaigo/seikatsuhogo/fukusijimusyo/index.html（2016年8月31日アクセス）

表8-2　主な職員配置

所員等	職務
1. 所の長	都道府県知事又は市町村長（特別区の区長を含む。）の指揮監督を受けて，所務を掌理する。
2. 指導監督を行う所員 （社会福祉主事）	所の長の指揮監督を受けて，現業事務の指導監督を司る。
3. 現業を行う所員 （社会福祉主事）	所の長の指揮監督を受けて，援護，育成又は更生の措置を要する者等の家庭を訪問し，又は訪問しないで，これらの者に面接し，本人の資産，環境等を調査し，保護その他の措置の必要性の有無及びその種類を判断し，本人に対し生活指導を行う等の事務を司る。
4. 事務を行う所員	所の長の指揮監督を受けて，所の庶務を司る。

出所）表8-1に同じ

3　児童相談所

　　児童相談所は，児童福祉法に基づき，児童の福祉に関し，① 児童に関する家庭その他からの相談（専門的な知識及び技術を必要とするもの）に応じること，② 児童およびその家庭につき，必要な調査並びに医学的，心理学的，教育学的，社会学的および精神保健上の判定を行うこと，③ 児童およびその保護者につ

表8−3　児童相談所が連携をとるべき機関と主な連携事項

関係機関	主な連携事項
1　市町村	指導措置 相互の協力，通報等 児童相談所に対して，法第27条の措置を要する子ども，判定を要する子どもの送致 保育の実施を要する子どもの通知 1歳6か月児及び3歳児に係る精神発達面における精密健康診査及び事後指導，障害児保育，障害児通所支援事業等 児童福祉に関する企画・広報等
2　福祉事務所 　　（家庭児童相談室）	児童相談所から調査の委嘱，指導措置のための送致，福祉事務所の措置を要する子どもの報告，通知 児童相談所に対して，法第27条の措置を要する子ども，判定を要する子どもの送致 その他児童福祉に関する企画・広報，児童家庭に関する相談，指導等
3　保健所 　　市町村保健センター	児童相談所から一時保護・施設入所前の健康診断 保健，栄養上の指導の依頼 在宅重症心身障害児（者）等訪問指導，その他児童福祉に関する企画・広報
4　児童委員	児童相談所から調査の委嘱，指導措置 児童委員から要保護児童の通告，その他の協力
5　児童家庭支援センター	指導措置 児童家庭支援センターから要保護児童の通告
6　知的障害者更生相談所 　　身体障害者更生相談所 　　発達障害者支援センター	知的障害者，身体障害者の判定（療育手帳，15歳以上18歳未満の子どもの施設入所のための判定等） 発達障害者に係る専門的な相談，助言，発達支援，就労支援等
7　児童福祉施設等，里親	子どもの措置，措置中の相談援助活動，報告 措置の解除，停止，変更，在所期間延長に関する事項 退所した子どもの指導に関する事項 母子保護の実施，児童自立生活援助の実施に関する事項
8　保育所	保育の実施に関する事項
9　家庭裁判所	児童相談所から送致，家事審判の申立て 家庭裁判所から送致，調査嘱託，援助・協力依頼
10　学校，教育委員会	通告，相談，合同巡回相談，就学指導委員会
11　警察	触法少年，ぐ犯少年の通告，棄児，被虐待児等要保護児童の通告 委託一時保護，少年補導，非行防止活動等
12　医療機関	医学的治療の依頼，被虐待児の通告等
13　婦人相談所	性非行を伴う女子の子ども等
14　配偶者暴力相談支援センター	児童虐待に係る通告 配偶者からの暴力の被害者の同伴児童等の一時保護
15　民間団体	個別のケースにおける見守り的な支援など（地域の実情に応じた柔軟で多様な連携を図る）
16　その他連携を保つべき機関 　　公共職業安定所 　　地域障害者職業センター 　　精神保健福祉センター 　　社会福祉協議会	児童の就職等 精神薄弱児（者）の判定等 思春期精神保健に関すること等 児童福祉を目的とする各種の事業に関する連絡・調整等
その他少年鑑別所，少年サポートセンター，保護観察所，保護司，人権擁護委員，弁護士，いのちの電話，民間虐待防止団体，ボランティア団体，地域子ども会，母親クラブ等との連携	

　出所）「児童相談所運営指針」（平成28年9月29日改正版）p.165

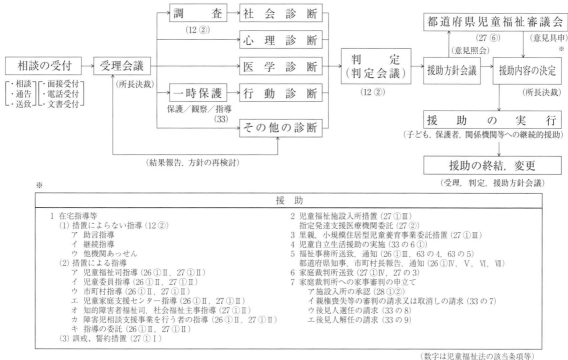

援助
1 在宅指導等
  (1) 措置によらない指導 (12②)
    ア 助言指導
    イ 継続指導
    ウ 他機関あっせん
  (2) 措置による指導
    ア 児童福祉司指導 (26①Ⅱ, 27①Ⅱ)
    イ 児童委員指導 (26①Ⅱ, 27①Ⅱ)
    ウ 市町村指導 (26①Ⅱ, 27①Ⅱ)
    エ 児童家庭支援センター指導 (26①Ⅱ, 27①Ⅱ)
    オ 知的障害者福祉司, 社会福祉主事指導 (27①Ⅱ)
    カ 障害児相談支援事業を行う者の指導 (26①Ⅱ, 27①Ⅱ)
    キ 指導の委託 (26①Ⅱ, 27①Ⅱ)
  (3) 訓戒, 誓約措置 (27①Ⅰ)
2 児童福祉施設入所措置 (27①Ⅲ)
  指定発達支援医療機関委託 (27②)
3 里親, 小規模住居型児童養育事業委託措置 (27①Ⅲ)
4 児童自立生活援助の実施 (33の6①)
5 福祉事務所送致, 通知 (26①Ⅲ, 63の4, 63の5)
  都道府県知事, 市町村長報告, 通知 (26①Ⅳ, Ⅴ, Ⅵ, Ⅶ)
6 家庭裁判所送致 (27①Ⅳ, 27の3)
7 家庭裁判所への家事審判の申立て
  ア 施設入所の承認 (28①②)
  イ 親権喪失等の審判の請求又は取消しの請求 (33の7)
  ウ 後見人選任の請求 (33の8)
  エ 後見人解任の請求 (33の9)

(数字は児童福祉法の該当条項等)

図8－2　児童相談所における相談援助活動の体系・展開

出所)「児童相談所運営指針」(平成28年9月29日改正版) p.162 より

き, 調査または判定に基づいて必要な指導を行うこと, ④ 児童の一時保護を行うことを主たる業務とした行政機関である。また児童相談所には, 市町村相互間の連絡調整, 市町村に対する情報の提供等の役割も児童福祉法において明記されている (表8－3参照)。

　相談援助活動の体系・展開は, 図8－2のようになっている。こうした業務を行う児童相談所には, 児童福祉法第12条に基づき所長および所員として児童福祉司, 児童心理司, 保健師等が配置されている。

　児童相談所の設置については, 都道府県と政令指定都市に最低1ヵ所の設置が児童福祉法により義務づけられている。2006年から児童相談所設置市として中核市も設置できるように法改正されたが, 開設は45市のうち金沢市, 横須賀市にとどまっている。さらに2016年の改正で特別区が児童相談所を設置することができるようになった (2017年4月より施行予定)。児童相談所の設置数は, 平成27 (2015) 年4月1日現在で, 208ヵ所 (設置自治体は69自治体) である。また, 児童相談所には, 必要に応じ, 児童を一時保護する施設を設けなければならないのだが, 2015年4月1日現在, 全国で135ヵ所しか設置されていない。

　児童相談所における相談の種類は子どもの福祉に関するさまざまな問題を扱うが, 大きくは養護相談, 障害相談, 非行相談, 育成相談, その他の相談に分

児童福祉法

　1947 (昭和22) 年に法律164号として公布され, 翌年に施行された児童の福祉に関する基本法。児童の福祉を保障するための原理として,「すべての国民は児童が心身ともに健やかに生まれ, かつ育成されるよう努めなければならない」こと, および「国及び地方公共団体は児童の保護者とともにその責任を負う」ことを明示した。

一時保護

　都道府県知事, 児童相談所所長が児童福祉法第33条によって一時保護を必要とする児童の措置が決定するまでの行動観察および各種の調査指導することを意味する。一時保護の対象児童は, 棄児・家出等緊急の生活保護を要する者, また適切な施設への入所措置をするための行動観察, 集中的な心理療法・生活指導を要する者と認定された児童である。

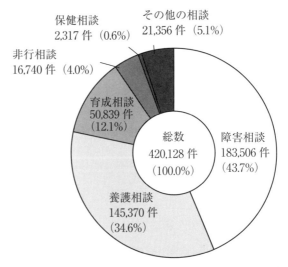

図 8 - 3　平成 26 年度の児童相談所における相談の種類別対応件数

出所）厚生労働省「平成 26 年度福祉行政報告例の概況」

類される。それらの相談件数をみていくと（図 8 - 3），平成 26（2014）年度中の対応件数は 420,128 件となっている。また，相談の種類別にみると，「障害相談」がもっとも多く，相談対応件数の 43.7% を占めている。次いで，「養護相談」(34.6%)，「育成相談」(12.1%) となっている。また，児童虐待などの相談が含まれる「養護相談」の相談対応件数が占める割合は年々増加している。

4　保健所と精神保健福祉センター

（1）保健所

　地域保健法によると，保健所は，地域保健対策の広域的・専門的・技術的推進のための拠点として，① 地域保健に関する思想の普及及び向上に関する事項，② 人口動態統計その他地域保健に係る統計に関する事項，③ 栄養の改善及び食品衛生に関する事項，④ 住宅，水道，下水道，廃棄物の処理，清掃その他の環境の衛生に関する事項，⑤ 医事及び薬事に関する事項，⑥ 保健師に関する事項，⑦ 公共医療事業の向上及び増進に関する事項，⑧ 母性及び乳幼児並びに老人の保健に関する事項，⑨ 歯科保健に関する事項，⑩ 精神保健に関する事項，⑪ 治療方法が確立していない疾病その他の特殊の疾病により長期に療養を必要とする者の保健に関する事項，⑫ エイズ，結核，性病，伝染病その他の疾病の予防に関する事項，⑬ 衛生上の試験及び検査に関する事項，⑭ その他地域住民の健康の保持及び増進に関する事項について，企画，調整，指導及びこれらに必要な事業を行う機関，とあり，幅広い業務を行っていることがわかる。

地域保健法
　1994（平成 6）年 7 月，地域保健対策の推進に関する基本方針，保健所の設置その他地域保健対策の推進に関し基本となる事項を定めることにより，母子保健法その他の地域保健対策に関する法律による対策が地域において総合的に推進されることを確保し，もって地域住民の健康の保持および増進に寄与することを目的として，制定された。

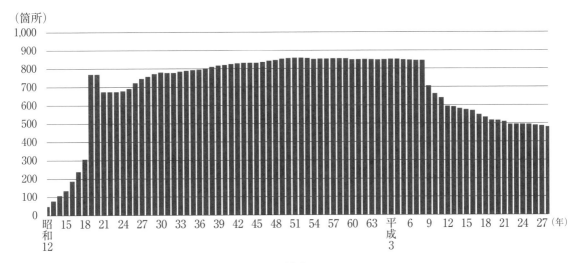

図8－4　保健所総数の推移（平成28年4月1日現在）

出所）厚生労働省健康局がん対策・健康増進課地域保健室調べ

　また，児童福祉法では，①児童の保健について，正しい衛生知識の普及を図ること，②児童の健康相談に応じ，又は健康診査を行い，必要に応じ，保健指導を行うこと，③身体に障害のある児童及び疾病により長期にわたり療養を必要とする児童の療育について，指導を行うこと，④児童福祉施設に対し，栄養の改善その他衛生に関し，必要な助言を与えること，が主な業務としてかかげられている（児童福祉法第12条-6）。さらに，同法においては，「児童相談所長は，相談に応じた児童，その保護者又は妊産婦について，保健所に対し，保健指導その他の必要な協力を求めることができる」（同法第12条-6-②）とあり，児童相談所との連携が明記されている。

　保健所は，地域保健法に基づいて都道府県，政令指定都市，中核市，特例市，その他指定された市（保健所設置市），特別区が設置している。平成28年4月1日現在の設置数は，480ヵ所となり，年々減少してきている（図8－4参照）。

(2) 精神保健福祉センター

　精神保健福祉センターは，精神保健及び精神障害者福祉に関する法律（精神保健福祉法）に基づき，精神保健の向上及び精神障害者の福祉の増進を図るための機関として，都道府県と指定都市に設置されている。2014年現在，全国で69ヵ所ある。

　「精神保健福祉センター運営要領」（平成25年改正）によると，精神保健福祉センターの目標は，地域住民の精神的健康の保持増進，精神障害の予防，適切な精神医療の推進から，社会復帰の促進，自立と社会経済活動への参加の促進のための援助に至るまで，広範囲にわたり，その業務内容も，①企画立案，②技術指導及び技術援助，③人材育成，④普及啓発，⑤調査研究，⑥精神

> **精神保健及び精神障害者福祉に関する法律（精神保健福祉法）**
> 　1995（平成7）年，精神保健法が「精神保健及び精神障害者福祉に関する法律」と名称変更・改正された。これまでの精神保健法では精神障害者を治療の対象者としてとらえていたが，新法では，精神障害者の社会復帰への促進・自立と社会経済活動への参加促進の援助として福祉を打ち出した。5年ごとの見直しが目指されている。

表 8 － 4　根拠法改正と名称変更の流れ

1965（昭和 40）年 6 月	「精神衛生法」に基づき，「精神衛生センター」が各都道府県で設置された。
1987（昭和 62）年 9 月	「精神保健法」へと改称されたことに合わせて，「精神保健センター」に，名称変更された。
1995（平成 7）年 7 月	「精神保健及び精神障害者福祉に関する法律（精神保健福祉法）」へと改称されたことに合わせて，「精神保健福祉センター」と名称変更された。
2002（平成 14）年 4 月	「精神保健及び精神障害者福祉に関する法律（精神保健福祉法）」の改正により，精神医療審査会の事務，精神障害者保健福祉手帳と通院医療費公費負担の申請に対する決定に関する事務のうち専門的な知識及び技術を必要とするもの事務が精神保健福祉センター業務となった。

**精神障害者
保健福祉手帳**

　1995（平成 7）年，精神保健福祉法に基づき，精神障害者の自立と社会参加の促進を図る目的で創設された制度。精神障害の程度・状態により判断され，1 ～ 3 級までの等級がある。申請窓口は最初保健所であったが，2002（平成 14）年からは各市町村となり，手帳の交付を受けた者は 2 年ごとに更新が必要となった。

保健福祉相談，⑦ 組織育成，⑧ 精神医療審査会の審査に関する事務，⑨ 自律支援医療（精神通院医療）及び精神障害者保健福祉手帳の判定，など多岐にわたっている。また，障害者総合支援法施行以降は，市町村の支給要否決定に対する支援も行っている。

5　児童家庭支援センターと地域子育て支援センター

（1）児童家庭支援センター

　児童家庭支援センターは，1997（平成 9）年の児童福祉法改正で制度化され，「地域の児童の福祉に関する各般の問題につき，児童に関する家庭その他からの相談のうち，専門的な知識及び技術を必要とするものに応じ，必要な助言を行うとともに，市町村の求めに応じ，技術的助言その他必要な援助を行うほか，保護を要する児童又はその保護者に対する指導を行い，あわせて児童相談所，児童福祉施設等との連絡調整等を総合的に行い，地域の児童，家庭の福祉の向上を図ること」を目的としている。社会福祉法上は第 2 種社会福祉事業で，児童相談所，市町，学校，保健所などの地域の機関と連携しつつ，地域に根ざした相談支援活動を行っている。

　児童家庭支援センターの多くは児童養護施設等の児童福祉施設に附置されているが，2008（平成 20）年の児童福祉法改正で，単独設置も可能となった。

　また，「児童家庭支援センター設置運営要綱」の改正により，2011（平成 23）年 4 月から里親やファミリーホームの支援を行うことも業務内容として追加された。

　職員配置については，「児童家庭支援センター設置運営要綱」により，児童家庭支援センターの運営管理責任者，相談・支援を担当する職員（2 名），心理療法等を担当する職員（1 名）を置くことが明記されている。その遂行にあたっては，個人の身上に関する秘密を守らなければならないことも併せて明記されている。2011（平成 23）年現在，全国に 87 ヵ所設置されている[1]。

表8－5　地域子育て支援拠点事業の概要

	一般型	連携型
機能	常設の地域の子育て拠点を設け，地域の子育て支援機能の充実を図る取組を実施	児童館等の児童福祉施設等多様な子育て支援に関する施設に親子が集う場を設け，子育て支援のための取組を実施
実施主体	市町村（特別区を含む。） （社会福祉法人，NPO法人，民間事業者等への委託等も可）	
基幹事業	①子育て親子の交流の場の提供と交流の促進 ②子育て等に関する相談・援助の実施 ③地域の子育て関連情報の提供 ④子育て及び子育て支援に関する講習等の実施	
実施形態	①～④の事業を子育て親子が集い，うち解けた雰囲気の中で語り合い，相互に交流を図る常設の場を設けて実施 ・地域の子育て拠点として地域の子育て支援活動の展開を図るための取組（加算） 　一時預かり事業や放課後児童クラブなど多様な子育て支援活動を拠点施設で一体的に実施し，関係機関等とネットワーク化を図り，よりきめ細かな支援を実施する場合に，「地域子育て支援拠点事業」本体事業に対して，別途加算を行う ・出張ひろばの実施（加算） 　常設の拠点施設を開設している主体が，週1～2回，1日5時間以上，親子が集う場を常設することが困難な地域に出向き，出張ひろばを開設 ・地域支援の取組の実施（加算）※ ①地域の多様な世代との連携を継続的に実施する取組 ②地域の団体と協働して伝統文化や習慣・行事を実施し，親子の育ちを継続的に支援する取組 ③地域ボランティアの育成，町内会，子育てサークルとの協働による地域団体の活性化等地域の子育て資源の発掘・育成を継続的に行う取組 ④家庭に対して訪問支援等を行うことで地域とのつながりを継続的に持たせる取組 ※利用者支援事業を併せて実施する場合は加算しない。	①～④の事業を児童館などの児童福祉施設などで従事する子育て中の当事者や経験者をスタッフに交えて実施 ・地域の子育て力を高める取組の実施（加算） 　拠点施設における中・高校生や大学生等ボランティアの日常的な受入・養成の実施
従事者	子育て支援に関して意欲があり，子育てに関する知識・経験を有する者（2名以上）	子育て支援に関して意欲があり，子育てに関する知識・経験を有する者（1名以上）に児童福祉施設等の職員が協力して実施
実施場所	公共施設空きスペース，商店街空き店舗，民家，マンション・アパートの一室，保育所，幼稚園，認定こども園等を活用	児童館等の児童福祉施設等
開設日数等	週3～4日，週5日，週6～7日／1日5時間以上	週3～4日，週5～7日／1日3時間以上

出所）厚生労働省ホームページ
　　　http://www.mhlw.go.jp/file/06-Seisakujouhou-11900000-Koyoukintoujidoukateikyoku/kyoten26_4.pdf（2016年8月25日アクセス）

（2）地域子育て支援センター

　地域子育て支援センターとは，児童福祉法第6条の3第6項に基づき，市町村が実施する地域子育て支援拠点事業の対象のひとつである。

　地域子育て支援拠点事業については，従来の「ひろば型」「センター型」「児童館型」から，地域子育て支援拠点事業として事業開始から5年が経過し，実施形態が多様化してきたこと，2012（平成24）年8月に成立した「子ども・子育て支援法」では，子育て家庭が子育て支援の給付・事業のなかから適切な選択ができるよう，地域の身近な立場から情報の集約・提供を行う「利用者支援」が法定化したこと等をうけ，2013（平成25）年度より機能別に「一般型」と「連携型」に再編された。これらの地域子育て支援拠点事業の実施形態や開

所日数等は，表8-5のように定められている。2015（平成27）年度現在，全国で6,818ヵ所の拠点がある。

地域子育て支援センターは，「地域子育て支援拠点事業実施要綱」において，一般型のひとつとして以下のように内容および実施方法等が規定されている。

表8-6　地域子育て支援センターの実施方法等

キ 経過措置（小規模型指定施設） (7) 内容 従来の地域子育て支援センター（小規模型指定施設）（以下「指定施設」という。）については，以下の通り事業の対象とする。 (イ) 実施方法 　a 原則として週5日以上，かつ1日5時間以上開設すること。 　b 開設時間は，子育て親子が利用しやすい時間帯とするよう配慮すること。 　c 育児，保育に関する相談指導等について相当の知識・経験を有する専任の者を1名以上配置すること。（非常勤職員でも可。） 　d 次の(a) ～ (c) の取組のうち2つ以上実施すること。 (a) 育児不安等についての相談指導 (b) 子育てサークルや子育てボランティアの育成・支援 (c) 地域の保育資源の情報提供，地域の保育資源との連携・協力体制の構築

出所）「地域子育て支援拠点事業実施要綱」より引用

6　児童発達支援センター

児童発達支援センターは，障がい児支援の強化を図るため，障がい種別ごとに分かれた施設体系を通所・入所の利用形態の別により一元化した2012（平成24）年4月の児童福祉法改正により，主に知的障害児通園施設，難聴幼児通園施設，肢体不自由児通園施設から移行された，通所型の施設である。

児童発達支援センターには，「福祉型児童発達支援センター」と「医療型児童発達支援センター」がある。支援内容は，児童福祉法第43条にある表8-7の通りである。実際には，集団指導として，戸外遊びや運動遊びなどで楽しみながら身体の使い方を身につけたり，スキンシップ遊びや親子遊び，集団遊び

表8-7　児童発達支援センターの区分と支援内容

区　分	支援内容
福祉型児童発達支援センター	日常生活における基本的動作の指導，独立自活に必要な知識技能の付与又は集団生活への適応のための訓練
医療型児童発達支援センター	日常生活における基本的動作の指導，独立自活に必要な知識技能の付与又は集団生活への適応のための訓練及び治療

出所）児童福祉法第43条より筆者作成

表8−8　児童発達支援センターの設備

	福祉型児童発達支援センター	医療型児童発達支援センター
指導訓練室	指導訓練室の一室の定員は，これをおおむね10人とし，その面積は，児童1人につき2.47平方メートル以上	・医療法に規定する診療所として必要な設備のほか，指導訓練室，屋外訓練場，相談室及び調理室を設けること。
遊戯室	児童1人につき1.65平方メートル以上	・階段の傾斜を緩やかにするほか，浴室及び便所の手すり等身体の機能の不自由を助ける設備を設けること。
その他	・屋外遊戯場，医務室，相談室，調理室，便所並びに児童発達支援の提供に必要な設備及び備品を設ける。 ・主として知的障害のある児童を通わせる場合は静養室，主として難聴児を通わせる場合は聴力検査室，主として重症心身障害児を通わせる場合は，指導訓練室，調理室，便所並びに児童発達支援の提供に必要な設備及び備品を設けること	

出所）厚生労働省「児童福祉施設の設備及び運営に関する基準」より筆者作成

表8−9　職員配置について

	福祉型児童発達支援センター	医療型児童発達支援センター
嘱託医	1人以上 ・主として知的障害のある児童を通わせる場合は，精神科又は小児科の診療に相当の経験を有する者。 ・主として難聴児を通わせる場合は，眼科又は耳鼻咽喉科の診療に相当の経験を有する者。	
医師・薬剤師等		医療法に規定する診療所として必要とされる数
看護師		1人以上
理学療法士又は作業療法士		1人以上
児童指導員及び保育士	概ね児童の数を4で除して得た数以上。 児童指導員：1人以上 保育士：1人以上	児童指導員：1人以上 保育士：1人以上
栄養士	1人以上	
調理員	1人以上	
児童発達支援管理責任者	1人以上	1人以上
その他	・日常生活を営むのに必要な機能訓練を行う場合には，機能訓練担当職員をおく。その人数は，概ね児童の数を4で除して得た数以上である。 ・主として難聴児を通わせる場合は，言語聴覚士を置かなければならない。言語聴覚士の数は，4人以上とする。	
主に重症心身障害児を通わせる福祉型児童発達支援センター		
・嘱託医は1名以上。 　ただし，内科，精神科等神経と組み合わせた名称を診療科名とする診療科，小児科，外科，整形外科又はリハビリテーション科の診療に相当の経験を有する者とする。 ・児童指導員，保育士，看護師及び機能訓練担当職員の数は，通じておおむね児童の数を四で除して得た数以上とする。ただし，機能訓練担当職員の数は，1人以上でなければならない。		

注）福祉型児童発達支援センターのうち，児童40人以下を通わせる施設にあっては栄養士を，調理業務の全部を委託する施設にあっては調理員を置かないことができる。
出所）表8−8に同じ

を通して人に関心をもったりできるようにしながら，社会性を身につけ，生活していくうえでの必要なルールやスキルを学んでいくことができるようにする。

　各センターの設備・職員等については，「児童福祉施設の設備及び運営に関する基準」に定められている表8−8，表8−9の通りである。

7　都道府県・市町村社会福祉協議会

社会福祉法

　1951（昭和26）年制定の「社会福祉事業法」を改正して，2000年に制定された法律。社会福祉を目的とする事業の共通的基本事項を定め，社会福祉に関する他の法律とともに，利用者保護，地域福祉の推進，福祉事業の適正な実施，事業者の健全な発達を図り，福祉の増進を目的としている。

　社会福祉協議会は，民間の社会福祉活動を推進することを目的とした営利を目的としない民間組織で，社会福祉法に基づき設置されている。都道府県社会福祉協議会・市町村社会福祉協議会については，社会福祉法第109条，第110条に規定されている。

　市町村社会福祉協議会には，① 社会福祉を目的とする事業の企画及び実施，② 社会福祉に関する活動への住民の参加のための援助，③ 社会福祉を目的とする事業に関する調査，普及，宣伝，連絡，調整及び助成，④ 社会福祉を目的とする事業の健全な発達を図るために必要な事業等を行うことによって地域の社会福祉活動実践の拠点の役割が期待されている。

　また，都道府県社会福祉協議会には，① 市町村社会福祉協議会が行う事業のうち各市町村を通ずる広域的な見地から行うことが適切なもの，② 社会福祉を目的とする事業に従事する者の養成及び研修，③ 社会福祉を目的とする事業の経営に関する指導及び助言，④ 市町村社会福祉協議会の相互の連絡及び事業の調整等を行い，広域的見地から必要な社会福祉活動の推進の役割が期待されている。

　2015年4月1日現在，全国社会福祉協議会は1ヵ所，都道府県・指定都市社会福祉協議会は67ヵ所，市区町村社会福祉協議会は1,851ヵ所となっている[2]。

注
1) 2011（平成23）年10月，厚生労働省家庭福祉課調べ：http://www.mhlw.go.jp/bunya/kodomo/ syakaiteki_yougo/01.html　2016年8月31日アクセス）
2) 『厚生労働白書（平成27年版）』p.195より　資料：全国社会福祉協議会

参考文献
　保育福祉小六法編集委員会編『2015年版　保育福祉小六法』みらい
　厚生労働省「児童相談所運営方針」平成28年9月29日改正版
　厚生労働省「平成26年度福祉行政報告例の概況」2015年
　厚生労働省「精神保健福祉センター運営要領」平成25年改正
　厚生労働省「児童家庭支援センター設置運営要綱」1998年（最終一部改正 平成28年）
　厚生労働省「地域子育て支援拠点事業実施要綱」2014年（一次改正 平成27年）
　厚生労働省「児童福祉施設の設備及び運営に関する基準」1948年（最終改正 平成28年）
　厚生労働省『平成27年版　厚生労働白書』2015年
　児童育成協会監修，松原康雄・村田典子・南野奈津子編『基本保育シリーズ⑤相談援助』中央法規，2015年
　杉本敏夫・豊田志保編著『相談援助論』保育出版社，2011年
　成清美治・加納光子編集代表『現代社会福祉用語の基礎知識（第12版）』学文社，2015年

プロムナード

児童相談所　設置要件変更（2017 年 4 月 1 日施行）

　2016 年 5 月 27 日，児童虐待の防止や虐待を受けた子どもの自立支援までを総合的に強化することをねらいとした児童福祉法等の改正法が成立しました。それにより，特別区（東京 23 区）でも児童相談所が設置できるようになりました。児童相談所は，今まで都道府県と政令指定都市に最低 1 ヵ所の設置が義務づけられ，中核市は任意で設置することができしました。しかし，全国の中核市で児童相談所を設置しているのは，金沢市と横須賀市の 2 市のみでした。しかし，設置の目安とされてきた「人口 50 万人に 1 ヵ所」では，増加し続ける児童虐待（ちなみに，2015 年度中に，全国 208 ヵ所の児童相談所が児童虐待相談として対応した件数は 103,260 件（速報値）。最多の件数）に対応することができなくなっていることから，今回の児童福祉法改正につながりました。

学びを深めるために

徳永雅子『子ども虐待の予防とネットワーク—親子の支援と対応の手引き』中央法規，2007 年

　児童相談所で対応することの多い児童虐待について理解を深めるための本です。「予防」と「ネットワーク」について焦点を当てながら，子ども虐待の基本的な知識から発見，介入の方法までを解説しています。

座間キャラバン隊『障害のある子って，どんな気持ち？　見て，聞いて，体験して，知ろう！』ぶどう社，2009 年

　児童発達支援センター等を利用している障がいのある子どもへの理解を深めるための本です。障がいのある子の母親たちが始めたキャラバン隊の公演を書籍化したものです。ダウン症や自閉症などの障がいのある子どもたちについて，わかりやすく説明しています。

第 9 章

事例検討の意義と目的

　事例検討とは

（1）事例に関わるさまざまな人や機関と支援内容を共有すること

　保育士は，さまざまな分野で子どもたちや保護者の方々の支援を行っている。たとえば，保育園（所）の現場で子どもたちの全面発達保障を実現するために，一人ひとりの子どもたちの特性を把握し，どのように関わることが子どもの全面発達の保障につながるのか。さらには，乳児院や児童養護施設等で親子分離した子どもたちに対して，どのように関わることが子どもたちの愛着形成に必要なのかなど，日々対応に苦慮しながら働いている。子どもたちの抱えている課題を解決するために，子どもたちの生活基盤となっている家族に対して課題設定を行いながら保護者対応をしていかなければならない。

　現代社会のなかでは，児童虐待により毎年多くの子どもたちが亡くなっている現状があったり，いじめによる自殺があったりと生命に関わる問題が山積している。子どもたちを取り巻く環境においては，個食・孤食・情報過多・遊びの変化など子どもたちの発達を阻害してしまう要因が数多く存在している。

　そのようななかで，保育士がひとりで抱え込んでしまうとどのように対応すればよいのかみえなくなりジレンマに陥ることがある。支援を行う時にやってはならないことのひとつに抱え込みがある。支援は決してひとりで，もしくはひとつの組織だけで行えるものではない。さまざまな人の，また組織や機関の力を借りながら行うものである。

　たとえば，保育所において落ち着きがなく，こだわりが強くて，集団活動になかなか参加できない子（A君）が担当する子どもにいたとする。担任としてA君にどのように関わればよいのか，保護者にどのように伝えていけばよいのかなど保育士自身で支援内容を考えなければならない。その時にひとりで抱え込んではいけないということである。もしも，子どもへの見立てが間違っており支援内容が子どもにさらなる生きにくさを与えたならば，保育士の行為こそがマルトリートメントであり虐待にも値する。そこでやらなければならないことは，保育士自身の子どもへの見立てや支援内容が正しかったのかという振り返りである。そこで行われるのが事例検討である。担任・主任・所長もしくは職員全員で子どもの見立てや支援内容を検討することである。メンバーは事例によって異なる。保育所内だけでなく児童発達支援センターの職員や保健センターの保健師など支援を行ううえで協力依頼する団体や人などが含まれる。

　乳児院や児童養護施設等ではほとんどの施設が月1回ケース会議を開き，FSW（家庭支援専門相談員）を中心に，入所当時に作成された児童自立支援計画書の見立てや支援内容についての検討を行っている。乳児院や児童養護施設等では，児童相談所をはじめとして，医療関係者や主任児童委員，保健師，弁護士等さまざまな機関や人との連携が必要になってくるため，事例検討のメン

バーは多岐にわたる。

（2）事例検討の方法

　事例検討を行う場合には，さまざまな人や機関・団体の方々との検討が必要となってくるが，施設の業種によって事例検討を行う参加者はさまざまである。

　基本的には，事例提供者（担当保育士等）が事例についての説明を行い，参加者がそれぞれ質問を行い，事例の全体像を明確にしていく。その後，事例における子どもや家族の課題を明確にするための意見交換がなされていく。

　最後に，解決すべき内容と支援内容を確認し，それぞれの参加者がどのような役割をもって臨むのかを確認し合う。

　事例検討等が行われる場面としては，

1）施設内だけで支援内容を確認するとき

　担当保育士が作成した支援内容を，主任や施設長・家庭支援専門相談員（FSW）などが事例分析を行い，子どもの抱えている課題や家族の抱えている課題が的確であるのか。そのうえで，支援内容が的確であるのかを担当保育士に質問しながら検討を行い，施設全体で支援内容を共有していく。

2）外部の方を含めて行う場面としては

　気になる子どもや保護者の方への支援内容を考えていく場合に，施設内だけでは困難な場合があり，より専門的な職種の方に参加をしていただいたり，事例に出てくる子どもや家族のことについてより多くの情報を知るために参加をお願いしたりすることがある。

　いずれにしても，事例検討は支援者が対象者に対してどのように支援を行えばよいかみえなくなったり，支援内容はこのままでよいのか確認を取ったりするときに行うものである。

　事例検討を行う時には，事例の分析を行わなければならない。分析を行う時に重要なことはさまざまな方向からの正しい情報である。参加者には施設内の子どもや保育所，学校など子どもに関わりをもっている人や保健師，主任児童委員，民生児童委員，市町村の相談員などの保護者に対して支援を行っている

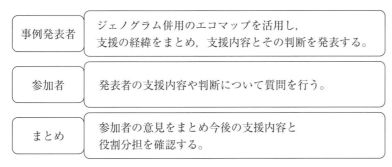

図9-1　事例検討の基本的な流れ

人，小児科，精神科などの医療現場の専門家，カンファレンスを専門とする臨床心理士，法律の専門家である弁護士などさまざまな分野の人びとが事例に対してのさまざまな情報を交換し合うなかで，見解を出し合い，子どもや家族に対する支援内容を検討する。

　具体的な事例検討の方法としては，ハーバード方式やインシデント・プロセス方式やロールプレイ等がある。

　ハーバード方式というのは，1880年代にハーバード大学法学部で考案された事例研究法のひとつである。ハーバード方式の特徴は，ある場面だけではなくて事例に関する関わりを包括的にとらえた記録を参加者に提示することである。この方法は情報が多く提示してあるために，事例提供者が何をどのように考えどのように支援を行ってきたのかが理解できる。参加者は，子どもや保護者の困り感や問題点とその背景などを時系列でとらえることができるメリットがある。しかし，事例提供者にとっては準備にかける時間が非常に多くかかり，日々忙しい業務をこなしていくなかで大きな負担となったり，参加者にとっては個人差が大きくあらわれたりして，ある人たちだけの検討になってしまう可能性がある。子どもや保護者の困り感や問題点や人物像などの背景を把握するための質問が重要になる。

　インシデント・プログラム方式は，事例提供者が時系列で報告するというよりもエピソードを中心とした事例報告となる。この方法は，参加者の質問が大きな影響を及ぼす。事例提供者は，子どもや保護者と支援者の関わり方（やりとり）を詳しく報告することが求められる。子どもや保護者の言動の理由を参加者が考え，小グループで自ら考えたことを出し合うことが重要になるため，参加者の積極性が問われることになる。

　ロールプレイは，体験型の事例検討である。事例に登場する人物になりきって演じて，事例における関わり方の検討や子どもや保護者の思いを共有する体験を行う方法である。具体的には2つの方法がある。ひとつは，演じる人を選出し，全体の前で演じてもらい参加者はそのロールプレイを観て，どこに問題があるのかを議論する。2つめは，シアター型ロールプレイといって小グループに分かれて参加者全員が自ら演じるため自分というものが問われていくことになる。保育者にとって大切な実践力を養うにはとてもよい方法である。

　具体的な事例に関して，どのような人や機関・団体の人と連携し事例検討を行わなければならないのかは，第10章の具体的な事例検討のなかでしっかり学ぶことにする。

2 事例検討の意義

（1）子どもたちの権利を守るため

　なぜ事例検討を行うのか，それは子どもの権利を守る以外にはない。そのためにここでおさえておきたいことは児童の権利に関する条約（子どもの権利条約）である。本条約の第2条「差別の禁止」・第3条「最善の利益」・第6条「生命の権利の生存発達の保障」・第12条「意見表明権」はとくに学んでおくべきである。

　具体的に考えるならば，第2条は，子どもたちは差別されてはならない。第3条はもっともよい判断をされなければならない。第6条は，生まれてくる権利と生きていく権利が保障されなければならない。そして，第12条は，意見（思い）をいう権利がある，ということである。すなわち，支援を行う保育士は，決して差別してはならない。子どもに対してもっともよい選択をしなければならない。生まれてくる子どもを奪うことはできないし，生きていく場を作り上げなければならない。そして，子どもの心の声を傾聴しなければならないということである。支援を行う私たちの子どもたちに関わるときの視点になる内容であり，自分に向き合う時の視点でもある。このことは，事例検討していくうえでの前提となるものである。

　子ども（人間）は生まれながらにして，非行に走るとか，虐待を受けるとか，いじめ，いじめられるなどと決められているわけではない。子どもを取り巻くさまざまな環境のなかで生きて成長しているのである。そのなかでもっとも大きな影響を受けるのは「人」である。人との関わりのなかでさまざまなことを学び成長していくものである。子どもに出会った人が何を子どもたちに与えているのかを分析していく作業が事例検討である。だからこそ子どもの育ちをしっかりと受けとめていかなければならない。その時に，事例検討を行う人たちが，子どもが精神的に弱いからであるとか，非行を行っている子どもが悪いなどと決めつけてしまうようでは，本当の事例の解決すべきものがみえてこない。子どもたちの世界で大きな問題となっている非行や不登校・いじめなどの行為は決して許されることではないが，子どもたちもなりたくてなったのではなく，「育ち」のなかでならざるをえなかったのである。子どもたちは周りの大人に「わかってほしい」「気づいてほしい」とSOSを出している。

　子どもたちは「育ち」のなかでさまざまな権利侵害を受けてきているため，保育士自身が決して人権侵害してはならない。そのために，事例検討を子どもの権利擁護を最優先する話し合いにしなければならない。

（2）保育士の資質向上のため

　保育所保育指針解説書は，第1章総則2.保育所の役割（1）において，保育

**児童の権利に
関する条約**

　通常「子どもの権利条約」ともいう。

　1989（平成元）年11月20日に第44回国連総会において採択され，わが国は，1990（平成2）年9月21日にこの条約に署名し，1994（平成6）年4月22日に批准を行った。

　ユニセフは，この条約は①生きる権利，②育つ権利，③守られる権利，④参加する権利の4つの柱から成り立っているといっている。

所保有の目的を「保育所は，児童福祉法（昭和22年法律第164号）第39条の規定に基づき，保育に欠ける子どもの保育を行い，その健全な心身の発達を図ることを目的とする児童福祉施設であり，入所する子どもの最善の利益を考慮し，その福祉を積極的に増進することに最もふさわしい生活の場でなければならない」と規定し，また，(4) の保育士の専門性について，「保育所における保育士は，児童福祉法第18条の4の規定を踏まえ，保育所の役割及び機能が適切に発揮されるように，倫理観に裏付けられた専門的知識，技術及び判断をもって，子どもを保育するとともに，子どもの保護者に対する保育に関する指導を行うものである」と規定している。

　また，たとえば，「児童養護施設の運営指針」(5. 養育のあり方の基本 (4) 家族と退所者への支援 ① 家庭支援) において，「被措置児童の家庭は，地域や親族からも孤立していることが多く，行政サービスとしての子育て支援が届きにくい。こうした家庭に対して施設は，その養育機能を代替することはもちろんのこと，養育機能を補完するとともに子育てのパートナーとしての役割を果たしていくことが求められている。その意味では，児童養護施設は，子どもの最善の利益を念頭に，その家庭も支援の対象としなければならない。その場合，地域の社会資源の利用や関係者との協働が不可欠である」と述べられている。このように，児童養護施設等の親子分離が行われている居住型の施設においても，いうまでもなく「親支援」を行うには社会資源の利用や関係者との協同が不可欠である。すなわち，保育士の役割の大きなひとつであることがわかる。

　保育士資格を取得した保育士は，就職して1年めであろうが子どもたちの発達を保障し，家族を支援する立場にあることを押さえておきたい。だからこそ，支援のみえない事例の場合は，ひとりで抱え込むことなく相談し，経験の豊富な人びとや，専門家からアドバイスをもらったりしながら支援のスキルを向上させなければならない。

　向上させなければならない支援力とは，権利擁護の意識やバイステックの7つの原則，社会資源の活用，発達障がい児の特性，被虐待児の特徴など多くの内容がある。さらに家族を支援するときに必要な，精神疾患や依存症などの特徴も学んでおかなければならない。ただし，すべてをひとりで行えるわけはなく，さまざまな専門家の人びとの力を借りながら連携していくものなのである。ここに，子どもの権利を守るために行う事例検討の大きな意義がある。

■3■　事例検討の目的

（1）事例の解決すべきことを明らかにする

　事例検討の目的のひとつは，事例の全体像を把握し，解決すべきことが何なのかを明らかにすることである。解決すべきことを明らかにするためには「見

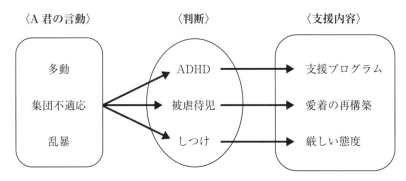

〈A 君の言動〉　　　　　〈判断〉　　　　　　〈支援内容〉

多動　　　　　　ADHD ──────→ 支援プログラム

集団不適応　　被虐待児 ──────→ 愛着の再構築

乱暴　　　　　　しつけ ──────→ 厳しい態度

図 9 - 2　言動と判断と支援内容の関係

立て」は非常に重要な支援を行う過程である。対象となっている子どもや保護者は何に困っており，私たち支援者に何を求めているのかをしっかりと理解していくことである。

　事例検討における「見立て」とは，人物像や課題を設定することである。

　事例検討を行う時に最初に行うこととしては，ジェノグラム併用のエコマップを作成し，登場人物の人物像（どんな人）を明らかにしたり，登場人物の人間関係がどのようになっているかを調べたりすることがあげられる。

　第 1 節で記述したように「見立て」や支援内容を的確化しなくてはならない。事例の「見立て」が違ってくると支援内容も違ってくる。すなわち，事例の「見立て」を的確に行うことが「子どもたちの最善の利益」および「子どもたちの権利を守ること」につながるのである。

　たとえば，多動で集団適応できなくて乱暴な子ども（A 君）への支援を行う時に，A 君をどんな子どもと判断し，どんな支援を行えばよいのか考えてみたい。

　事例検討を行うときに大切なことは，A 君の行動の理由である。A 君はなぜこのような行動をとるのか。ADHD の子どもに厳しいしつけを強要してしまったり，被虐待児の子どもに厳しいしつけをしてしまったりと今まで苦しんでいる子どもにさらなる苦しみを負わせることになる。子どもたちの言動の理由を正しくとらえる力が求められている。さらに保護者への対応も大きく違ってくる。ADHD の子どもの保護者に対してもっともやってはいけないのは「あなたのかかわり方が問題なのです。厳しくしつけてくださいと」と保護者自身を責めることである。このことは，支援を行うときに重要なラポール形成を根底から崩すもとになる。

　このように，事例検討においてはさまざまな内容のアセスメントを行い，何を解決すればよいのかを明確にしていかなければならない。

**ラポール
（rapport：仏語）**
　英語でラポートともいう。調和的，共感的な信頼関係のこと。社会福祉援助を円滑に行ううえで援助者と利用者との間には，相互の信頼性のある援助関係が結ばれることが重要であるが，利用者の状況や個性，年齢や援助者の援助技量（援助者のコミュニケーションなど）により，信頼関係が結ばれる時間，期間に差が生じる。また，その後の援助の展開に影響してくるなど重要な要素である。

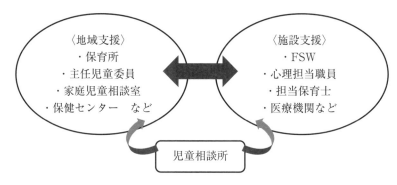

図9－3　支援連携の連続性

（2）支援者同士の支援内容を共有化し，役割分担を明確にする

　支援を必要としている家庭にはさまざまな人が関わっている。関わりをもっている人たちがそれぞれの認識でそれぞれの関わりをもったならば，おそらく支援を必要としている子どもや保護者は混乱し，どこを信じていけばよいのかわからなくなり支援を拒否していくことになるだろう。このような状況に陥らないためには，支援者同士が連携し同じ認識で子どもや保護者に対して関わりをもっていかなければならない。

　たとえば，家庭のなかで母親と父親の言うことがまったく異なった場合，子どもはどのようにすればよいのかわからなくなり，都合のいいほうを選択するか，どちらとも距離をとることになる。母親と父親が話し合いをして子どもにどのように関わるかを決めておけば子どもは迷うことなく自分の方向がみえてくる。

　このように，関わりをもつ大人が同じ認識で，同じ方向を向き，関わることが重要である。さらに，事例検討会に参加した人や機関・団体がどのような役割をもち関わっていくのか役割をしっかりと確認し合うことが重要である。

　事例検討を行うときには図9－3のようにさまざまな人や機関が支援を行っている。解決すべき内容の未確認や役割分担がうまく機能していない場合に起きる最悪の状態は，子どもにとってもっとも避けたい親子分離が行われるということである。地域支援のなかで，何回もの事例検討が行われていても，児童相談所が親子分離でしか子どもを守れないと判断した場合には，子どもの意思に関係なく親子分離が行われ施設支援へと切り替わっていく。この場合は，地域と施設が同じ目標をもち，いずれは地域のなかで再び親子が生活できる状態を作り上げていかなければならない。

　事例検討に関わる人や機関・団体は，事例検討の内容が子どもたちの人生がどのようになっていくかをしっかりと見据えて検討を重ねなければ，最終的に子どもの権利擁護は実現しないことを忘れてはならない。

　そのために，事例検討において解決すべき内容を見立て，支援者がなすべき

ことを出しあい役割分担をしっかりと決めていかなければならない。

4 事例検討の留意点

第1節から第3節の内容を事例検討の留意点としてもう少し細かく整理していきたい。

事例検討を行う時に大切なことは、さまざまな角度からの情報が提供されることが基本となる。そのために、事例提供者が子どもや保護者の見立てをしっかりととらえていることやどのような支援を行ってきたのかを明確に提供できることがとても重要である。

さらに、参加者が受け身の姿勢で事例検討に向かうと子どもの最善の利益を追求する場としての事例検討が曖昧になり、方向性がみえないまま見守りましょうという事例提供者や各参加者が何を行えばよいのかみえない状況で終わることになる。

そのため、事例提供者と参加者に分けて留意すべき点を考えていきたい。

(1) 事例提供者としての留意点

① 支援に行き詰った部分や支援内容がこれでよいのか確認したい内容を明確にして題材とする。すなわち、何について検討してほしいのかを明確にする。(事例提供者の困り感)

② 事例の概要として、家族構成のほかに支援内容を決定したいきさつについて簡潔に説明を行う。(困り感の出どころ)

③ より事例の理解を深めるために、ジェノグラム併用のエコマップを活用し、事例の全体像を提示する。(事実に基づいた全体像)

④ 人物像を明らかにして、家族や関わりのある人との人間関係を明らかにする。(人物像の見立てとキーパーソン)

このような流れで事例提供を行っていくが、留意すべき点としては、以下があげられる。

1) 事実に基づいた内容にすること

先入観や憶測での提供は行わない。事実とそうでない部分を明確にし、事実でない部分は支援を行ううえで必要かどうかで確認作業を行う。

たとえば、家族構成をとらえるときに、ひとり親家庭＝離婚と断定してはいけない。ひとり親になる過程は離婚だけではない。死別や未婚もその要因である。子どもの見立てについては、多動＝ADHDと判断することがあるが、ADHD＝多動ではあるが、多動＝ADHDではない。多動となる要因はほかにもあるはずである。

たとえば、「A君はどんな子どもですか」と問われたときに、多動でひとり遊びが多く、服を着替えたがらない子どもであると報告する保育士がいるが、

知りたい情報は言動ではなく，なぜそのような行動をとるのかという理由である。「言動には理由がある」ということを忘れてはならない。この点を決して勘違いしてはいけない。

　事例発表者は，判断した結果の理由を必ず提示しなければならない。

2) 支援を必要としている子どもや保護者をどのような人物ととらえたのかを明確にする

　人は，相手によって言動を変えることがあるため，自分との関わりだけではなく，自分以外の人の関わりも情報収集する。

　施設内においても，担当保育士に関わるときの子どもと，主任や施設長と関わるときの子どもとでは必ずしも同じ言動ではない。怖いと感じている人への言動と甘えられる存在として受けとめている人への言動には違いが生ずる。このことは保護者を支援するときにはとくに注意をしたい内容である。

　たとえば，新人保育士が先輩保育士に「私の時には静かに食事をしているのにあなたの時は騒がしいけどちゃんと指導してください」といわれることがある。子どもたちの言動に違いがある場合に，その違いはなぜ生じているのかをしっかりととらえないと，どういう関わりが子どもたちの発達保障につながるのかがみえてこないのである。だからこそ対象者を多面的にとらえる必要がある。

　いずれにしても上記2つの点は，人と関わるときに大切な「相手を知る」というコミュニケーションの基本となる部分である。

(2) 事例検討会の参加者としての留意点

　事例検討には，1) 実際に困難な対応に苦慮している担当者の今後の方向性を見出すために行うもの，2) 保育士の資質を向上させるためのもの，がある。

　1) に関しては，さまざまな専門家が集まり少人数で検討を行う方法で行われる。そのために，情報量も豊富であり，専門家の視点で事例検討がなされ，どのような見立てをすべきか，またはどのようなアプローチの仕方があるのかを意見として述べていく。

　そのため，次のような点に留意する。

　① 事例提供者の困り感を共感する。

　② 事例提供者の批判はしない。

　③ 事例を共有するための質問を行う。

　④ 秘密は守る。

　2) に関しては，保育士の研修会や大学などの講義のなかで行われる。情報量が少なく明確な見立てやアプローチの答えはなかなか出しにくい。そのため，さまざまな現場で起こりうる事例を検討することは，受容・共感するとはどのようなことなのか，傾聴とはどういうことなのか，さらに人物像の見立ては確

かなのかなどのソーシャルワークの視点や態度について学ぶ方法のひとつとなっている。

　自分の考え方や見方がこれでよいのか確認する場でもあるため，自分の意見をしっかりともち意見する姿勢が大切である。参加者自身の力量が試される場所でもあるため，今の自分には何が足りないのか，今後どのような学びをしていけばよいのかを見出していく場が事例検討である。

　そのため，以下のようなことに留意すべきである。

　① ジェノグラム併用のエコマップを作成できること。

　文章化された内容を図式化し，全体像を正しくとらえているのか確認する。また，推測で物事を判断するのではなく，事実とそうでないことを分類し，確認すべきことを明確にする。決して推測で物事を考え判断してはならない。

　全体像を時系列で整理しながら，ひとり親になった理由や親権者が誰なのかなどを正しくとらえることが大切である。

　② 積極的に質問をする。

　支援力を高めるためにやってはいけないことは，わからないことをわからないままにすることである。わからないから学ぶのである。自分は何を今後学習していかなければならないのかを明確にしていくことが次につながり資質が向上するのである。

　③ 事例提供者や参加者を批判しない。

　事例検討会は，事例提供者の実践についてよいか悪いかなどの評価を行う場所ではない。子どもたちの最善の利益を実現するために何ができるのかを参加者が事例提供者とともに考えていく場である。

　最後に，現代社会のなかで事例検討は重要な役割を担っている。事例検討がどのように行われているのかは，子どもたちの権利擁護の立場から保育士としては学生時代からしっかりと学び，現場で生かしていける状況にしておかなければならい。

プロムナード

相談援助は，相手を知ることから始まります

　家庭支援というキーワードは，現代社会のなかで福祉に限らず，教育界や医療界などにおいても取り上げられている時代です。代表的なこととして乳幼児の世界においては，幼稚園と保育所だけであった時代から認定こども園化が進んできています。そこにはすべての子どもたちの権利擁護の視点から家庭支援を充実する狙いもあります。

　社会的養護の分野においても，発達障がいの子どもへの支援や被虐待児への支援，さらに精神的課題を抱えた保護者への支援と非常に専門的かつ複雑化してきています。このようななかで，事例検討はどの分野においても重要な役割を担っています。保育士の相談援助に係る実践力を高めなければなりません。

　さらに，児童相談所における児童虐待相談件数は，平成 15 年度過去最高の 103,260 件でした。児童虐待の種類において第 1 位は，心理的虐待（47.2％）です。この現象の背景には，DV が存在しています。また，子ども虐待による死亡事例等の検証結果（第 12 次報告）によると 71 人の子どもたちが児童虐待により死亡している現状があります。死亡した子どもの年齢は，0 歳が 27 人（61.4％）ともっとも多く，とくに，0 歳のうち月齢 0 カ月が 15 人（55.6％）と高い割合を占めています。相談援助を行う保育士は，子どもたちにもっとも近い存在として「子どもたちの権利擁護」の立場を貫かなければなりません。

　精神疾患の大人の数も厚労省の調査によると，医療機関にかかっている患者数は近年増加しており平成 23 年度 320 万人となっています。そのなかでもうつ病，統合失調症，不安障害が 70％の 224 万人を占めています。さらに平成 8 年度と比較すると約 2 倍になっている現状があります。この数字はあくまでも医療機関にかかっている数字です。医療機関にかかっていない人もいるので社会的な課題になっているのはいうまでもありません。

　このように，今の日本がどのような状況になっているのか知ることは相談援助を行ううえでとても大切なことです。同時に，どのようにワーカーが相談援助するのか問われる時代でもあるということです。

　学生時代に日本の現状を広く知ることやさまざまな人に関わっていくことがワーカーの資質向上に大きな役割をもっています。学生時代に多くのボランティアや現場の人びとの学習会などに自主的に参加してみてください。きっとみなさんの知識の広がりとネットワークの広がりが現場の職員になったときに役立つのではないでしょうか。

　悩んだら考えるよりも行動してみましょう。考えるのはその後でもいいのではないでしょうか。

学びを深めるために

ヤヌシュ・コルチャック著，サンドラ・ジョウゼフ編，津崎哲雄訳『コルチャック先生のいのちの言葉』明石書店，2003 年

　ポーランドが「児童の権利に関する条約」を作成する時に大きな影響を与えたヤヌシュ・コルチャック先生の考え方・とらえ方が非常にわかりやすく記述されています。子どもにはどのような権利があるのか，私たち保育士はどのような保育士を目指せばよいのかを考える時に非常に役に立つと思います。

増沢高『社会的養護児童のアセスメント』明石書店，2013 年

　子どもの視点で考え，適切な支援を見出すために書かれた本で，支援を行う際にどのようなアセスメントを行えばよいのか事例を入れながら書かれています。相談援助を行う時に大切な道筋を具体的にあらわしています。

第 **10** 章

相談援助の事例

1　**不登校児に対する支援の事例分析**

　文部科学省によれば，不登校の定義は，「何らかの心理的，情緒的，身体的あるいは社会的要因・背景により，登校しない，あるいはしたくともできない状況にあるため年間 30 日以上欠席した者のうち，病気や経済的な理由による者を除いたもの」とされている。また，不登校に関する調査研究協力者会議の「不登校児童生徒への支援に関する最終報告」（平成 28 年 7 月 29 日）によると，不登校児童生徒の割合は，小学校が 0.39 %（255 人に 1 人），中学校は 2.76 %（36 人に 1 人）であり，不登校となったきっかけと考えられる状況については，学校や家庭，そして不登校児本人に係ることが主としてあげられている。この項では，不登校児に対する支援について事例を通して学んでいく。

（1）事例の概要

　A 子は，体が弱く小学校に入学した時から休みがちであった。小 1 の後半頃から，一部の子どもたちがみんなの前で A 子のことを「ずる休み」とはやし立てるようになると，登校してもすぐに腹痛を起こして保健室に行く回数が増えた。次第に数日間に及ぶ欠席が目立ち始めて小 2 から不登校になった。性格はおとなしく一見物静かな印象を受けるが，わがままが出たり暴れたりするなど時に激しく荒れてしまい落ち着くまでに時間がかかる面も見受けられる。親しい友達や兄弟姉妹もおらず一人っ子で育ってきたためか，自分の思いの受けとめ先がない苛立ちを日々感じている様子である。

1）利用者のプロフィール

　・A 子（8 歳）：父親と母親と本人の 3 人家族である。性格はおとなしく一見物静かな印象を受けるが，わがままが出たり暴れたりするなど時に激しく荒れてしまい落ち着くまでに時間がかかる面も見受けられる。絵を描いたり絵本をみるなどお話が好き。

　・母親（32 歳）：母親は，結婚を機に専業主婦となり，一人娘の A 子を大事に育てようと子育てに専念してきた。しかし，もともと内向的な性格であること，頼りになるはずの夫の仕事が安定せず育児にも非協力的であり，うまくいかない子育てに自信を失いかけている状態である。

　・父親（35 歳）：転職を繰り返しており収入が不安定な状態の時期もあった。現在はタクシー運転手をしており，勤務が連日深夜に及ぶため仕事が不規則である。子育ては母親の責任という考えをもっている。

2）相談援助者のプロフィール

　・学級担任（26 歳・女性）：A 子の学級担任で職歴は 3 年めの若手女性教員である。1 年生からの持ち上がりで 2 年生を担任している。クラス運営に力を入れているが，なかなかまとまりきれない状態が続いている。

・養護教諭（52歳・女性）：養護教諭としての長年のキャリアと，仕事と家庭を両立させながら2人の子どもを育ててきた母親の顔をもつ。保健室登校の子どもたちと多く接してきた経験から，いろいろな問題を抱えている家族への支援に詳しい。

（2）事例の展開
1）展開過程

　1年生の頃から休みがちであったA子の不登校が始まった。学級担任は，幾度となく家庭訪問を申し出ていたが，母親から毎回かたくなに拒否されていたため，せめてA子の家庭での様子や現状について把握しながら，再び登校することへ気持ちが向くように母親を通して電話で励ましを試みていた。母親も初めのうちは何とか登校させようと働きかけていたが，A子は母親の働きかけを拒否し部屋に閉じこもるようになった。A子の抵抗と拒否し続ける反抗的な態度に，母親の精神の疲労が激しくなる。母親は，何でも自分で抱え込む性格であり，初めのうちはA子の不登校問題を自分ひとりで解決しようと考えていたがどうにもならず，その1ヵ月後，学校の申し出に応えて面接に出向く。

　A子の不登校問題について，学校側は学級担任と養護教諭，保護者側はA子の母親で面接を行う。保護者の主訴は，「A子の不登校はクラスメイトとのトラブルが原因であり，学級担任はA子を守っておらず学校側の対応が出来ていない」「このまま不登校が続いて勉強が遅れるのではないか心配」の2点である。学級担任と養護教諭は，保護者の主訴を傾聴し，現実的課題は，学校と連携していきながら援助するなど，保護者の不安を取り除くための提案を試みた。また，A子の母親が，精神の疲労が激しくなりストレスを感じながらもA子の不登校問題を自分ひとりで解決しようと精一杯頑張ってきたことを認め，今後も学校と家庭で連携・協力することで話がまとまった。

　支援の計画（プランニング）として，学校側は，不登校が続くA子の状態を改善・解決に導くため，学校長を筆頭に教職員による支援体制を整えた。とくに，A子との関わりにおいては，学級担任は，日々の授業づくりや校務で手一杯であり，子ども集団や個人の見立ておよび保護者対応の見通しが浅かったことを反省し，お互いを認め合い助け合えるようなクラスづくりを図るように意識改善を行うこととなった。そして，A子の居場所（心の拠り所）を保障しつつ学習意欲の維持を図るために保健室登校を認めた。また，学習の滞りがないように学級担任が課題や宿題を出したり一緒に絵本を読んだり話をするなど，個別で関わる時間を必ず設けていくようにした。

　支援の実施が始まった。A子は，クラスメイトとのトラブルから教室で授業を受けることに対して嫌悪感を抱いていた。学級担任を通して不登校前から関わりのあった養護教諭から保健室登校でもよいことを電話で聞かされ，それ

ならと再び登校を始めた。保健室では、学級担任から届く課題に取り組んだり大好きな絵本を自宅から持参して読んだり眺めたりして 1 日を過ごした。また、養護教諭と他愛のない話をして面白がったり笑ったりするなど、少しずつ表情が明るくなり自分の気持ちを言葉で表現するようになった。時折、校庭でクラスメイトたちが体育をしている様子をみて、自分も外に出て少し離れた場所で体を動かして楽しみ、教室内の様子を気にしながら廊下を歩くなど、保健室を出て校内に目を向ける行動が増えていった。

　支援の実施開始よりしばらくして、2 回目の面接が行われた。学校側からは、A 子が少しずつ自分を出して大人とのコミュニケーションを図っていること、クラスメイトたちが気になり、時々教室内の様子をみに行くこと、学習に対する意欲も回復しており、「学校が楽しい」と口にするようになったことなどを母親に伝えた。母親も、A 子が家で荒れることは少なくなり、徐々に素直になってきていると話した。学校に対する不信感が徐々に信頼感に変わってきた A 子の母親は、学級担任と養護教諭に、自分がわが子と素直に向き合えない弱さがあることを打ち明けた。自分は内向的で何でもひとりで抱え込む性格であり学生時代は友人も少なかった。結婚して A 子が生まれたが、未熟児であるため常に育てにくさを感じていた。いい母親になろうと子育てに専念してきたが相談する人もなく、これでよいのかという迷いと苛立ちから時々 A 子に手をあげることがあった。A 子が幼稚園に通っていた時は、同じクラスの母親たちにどのように接したらよいかわからず困っていた時期には孤独を感じた。夫には迷惑をかけなくないという思いと、本当は相談に乗って欲しいし助けてもらいたいという気持ちがあるという。

　母親の話から、A 子のわがままが出たり暴れたりするなど時に激しく荒れてしまい落ち着くまでに時間がかかる面が見受けられるのは、母子間のコミュニケーションが図られていないこと、そして、不安定な状態の母親から時にきつくあたられたり手をあげられていたことが原因であるとわかった。

2）終　結

　母親の話を受けて、A 子と同じように母親に対する援助計画の必要性が明らかとなった。まず、父親不在の状態が母子関係に大きく影響していることが考えられたため、早急に父親と連絡をとり学級担任と養護教諭、そして父親の 3 者で面接を行った。不登校が始まった頃からしばらくは、学校に対して不信感をもち A 子の不登校は母親の甘やかしだと考えていた父親だったが、A 子の変容と妻が夫である自分をもっと頼りたかったと話していたことを知った。自分は、家庭があるのにもかかわらず職を転々として家族に迷惑をかけていた。今の仕事は不規則だけれど休みもあるため、これからは、妻と A 子にもっとコミュニケーションをとっていきたいと話した。昔気質で口下手、不器用な性格だけに誤解されがちだが、家庭を顧みないほど家族に関心がないわけではな

く, 家族を思いやる気持ちはもっていることが確認された。

　A子の保健室登校が半年を過ぎたころ, A子の口から,「私, もう大丈夫かもしれない」という言葉が飛び出した。そばにいた学級担任が,「大丈夫って?」と聞き直すと,「お母さんもお父さんもA子の味方なんだもん」と笑顔で話した。

　A子は, クラス替えや学級担任の入れ替わり等, 環境の変化を利用して, 3年生の4月から再び教室で授業が受けられるようになった。A子の保健室登校を担当した養護教諭も, 5年生クラス担当になった元学級担任も, A子に対して「気にかけている」メッセージを送り続けている。

(3) 事例の分析と演習課題

1) 事例の分析

　相談援助とは, 子どもや保護者が抱えている生活上の問題や課題の解決を援助していく活動であり, 援助の進め方としてまず, ① ケースの発見がある。本事例のようなケースの場合, 休みがちなA子が不登校という問題行動を起こすことで, 学校と家庭に心のSOSを出している。

　② 面接 (インテーク):問題を抱えている子どもや保護者が, 問題解決のために相談援助者のところに相談に行くことで援助が開始される段階である。この事例の場合は, 不登校という心のSOSを出したA子の行動に対して学校側から保護者に向けて今後の対応について面接を行う形で進められている。主な相談援助者である学級担任と養護教諭は, A子の母親から主訴を聴きながら, 同時に提供できる援助内容について説明を加える。そして, 保護者が求めている内容と相談援助者が提供できる内容が一致しているかをともに考え, 一致した場合は, 保護者に利用意思を確認する。

　③ 事前評価 (アセスメント):主訴者 (このケースの場合はA子の母親) 等の状況や問題の原因を把握して, ニーズを確定する段階である。アセスメントを行う方法として,「子どもや保護者について理解をする」「子どもや保護者のもつ生活の課題やニーズを確定する」ことがあげられる。また, アセスメントの留意点として, バイステックの原則に基づく態度で接することも忘れてはならない。子どもや保護者が抱える問題は個々に異なるため, 個別性に注意する必要がある。本事例の保護者の主訴は,「A子の不登校はクラスメイトとのトラブルが原因であり, A子を守っておらず学校側の対応ができていない」「このまま不登校が続いて勉強が遅れるのではないか心配」の2点であり, A子の不登校の原因はすべて学校側に責任があり, これ以上長引かないように学校側にすべての対応と終結を担うよう主張している。相談援助者としては, 家庭にも原因と責任があると思いたいところであろう。しかし, 否定や非難ではなくその行動を理解することで保護者の気持ちを受けとめる姿勢, すなわち受容と傾

聴する態度で保護者の感情に適切な形で反応しながらアセスメントに臨むことは，結果としてその問題解決につながると考えることができる。

　④支援の計画（プランニング）：学校側は，不登校が続くA子の状態を改善・解決に導くため，学校長を筆頭に教職員による支援体制を考えた。とくに，A子との関わりにおいては，キーパーソンの学級担任は，日々の授業づくりや校務で手一杯で子ども集団や個人の見立て，保護者対応の見通しが浅かったことが大きな反省点であると自覚し，お互いを認め合い助け合えるようなクラスづくりを図るように意識改善を行った。また，A子の母親が心配している学習の遅れに対しては，毎日授業内容をまとめた課題を渡して，わからない場合は個別で対応する旨を伝えた。そして，もうひとりのキーパーソンである養護教諭は，A子の居場所（心の拠り所）を保障しつつ学習意欲の維持を図るために保健室登校時の関わりについて細心の注意を図りながら臨むよう努めた。

　⑤支援の実施：支援の実施とは相談援助者が実際に子どもや保護者に寄り添って本人の思いを引き出しつつ，周囲の環境等を上手に利用しながら関わりを進めて行くことを意味する。A子は，クラスメイトとのトラブルから教室で授業を受けることに対して嫌悪感を抱いていたため，不登校前から関わりのあった養護教諭と保健室を心の拠り所とした。家庭で両親と向き合えていない分，養護教諭や学級担任と他愛のない話をしたり時には甘えたりすることで，少しずつ気持ちを表現するようになった。また，校庭でクラスメイトたちが体育をしている様子をみたり，少し遠くで一緒に参加してみたり，授業中の教室を気にするなど，友達に対する興味・関心も取り戻し始めている。

　⑥モニタリング：モニタリングとは援助の実施途中の振り返りを意味する。とくに，援助計画で定めた目標や内容の適切性や子どもや保護者に変化があるかなどを確かめる。この事例では，母親の不安定な状態に関しては，孤独な子育てに原因があることがわかり，父親不在の子育てに不安を感じている母親の気持ちを父親に面接で伝え，父親に家族の在り方について考えてもらう機会を作った。父親面接を通して適切な援助計画が成されたことで，結果としてA子の不登校克服の要因となり，この評価を踏まえて更なる実践へと反映されていく。

　⑦終結：終結としては，不登校など問題行動の要因は，子どもを取り巻く身近な環境の調和が少しずつ崩れた結果，引き起こされるものだと考えられる。不登校児を支援する際の相談援助者の役割について考えてみると，学校側は保護者に対して現実課題を具体的に援助し，家庭でもこもりがちなA子の居場所を保健室に作った。その結果，A子は次第に自分を取り戻し，少しずつ明るさも出てきた。また，面接を重ねることにより，A子の母親の本当の気持ちもわかったことで徐々に心の有りようを変容させる契機につながったこと，父親に改めて家族について応えてもらうことにより家族関係の修復が成された。結果，A子は母親と父親との家族の絆を確かめることができた。

2) 演習課題

① 事例の家族構成を整理してジェノグラムとエコマップを完成させてください。

・ジェノグラム（利用者等の家族・親族関係などを整理した図）

・エコマップ（利用者等を取り巻く環境を整理した図）

ジェノグラム	エコマップ

② 事例の生活課題と原因について整理してみましょう。

生活課題	（課題）
	（原因）
事例の展開	

2　虐待の予防と対応等の事例分析

(1) 児童虐待の定義

　2000（平成 12）年に制定された「児童虐待の防止等に関する法律」（以下，虐待防止法）において，児童虐待の定義は，身体的虐待，性的虐待，ネグレクト，心理的虐待の 4 種類に分類されている（第 2 条）。その要旨は，次の通りである。

　① 身体的虐待：児童の身体に外傷が生じ，または生じるおそれのある暴行を加えること。

　　　例：殴る，蹴る，投げ落とす，激しく揺さぶる，やけどを負わせる，首を絞める，縄などにより一室に拘束するなど。

　① 性的虐待：児童にわいせつな行為をすること，または児童をしてわいせつな行為をさせること。

　　　例：子どもへの性的行為，性的行為を見せる，性器を触るまたは触らせる，ポルノグラフィの被写体にするなど。

　③ ネグレクト：児童の心身の正常な発達を妨げるようないちじるしい減食，または長時間の放置，保護者以外の同居人による同様の行為，その他保護者としての監護をいちじるしく怠ること。

　　　例：家に閉じ込める，食事を与えない，ひどく不潔にする，自動車の中に放置する，重い病気になっても病院に連れて行かないなど。

　④ 心理的虐待：児童に対するいちじるしい暴言，またはいちじるしく拒絶的な対応，児童が同居する家庭における配偶者に対する暴力，その他児童に著しい心理的外傷を与える言動を行うこと。

　　　例：言葉による脅し，無視，きょうだい間での差別的扱い，子どもの目の前で家族に対して暴力をふるう（ドメスティック・バイオレンス：DV）など。

(2) 児童虐待相談件数の現状

　児童相談所が受理した児童虐待に関する相談件数は，統計を取り始めた1990（平成 2）年度以来，毎年，増加の一途をたどっており，虐待防止法が制定された 2000（平成 12）年以降も増加を続けている。寄せられた相談件数は，次の通りである。

　1990（平成 2）年度：1,101，1995（平成 7）年度：2,722，2000（平成 12）年度：17,725，2005 年度：34,472，2010（平成 22）年度：55,154，2015（平成 27）年度：103,260。この数値は過去最多件数となっている[1]。

　虐待相談件数の増加は，児童虐待そのものが増加していることを意味しているが，児童虐待防止の社会的関心が高まり，関係者や近隣住民等からの通報件数が増加していることも考えられる。

> **乳幼児揺さぶられ症候群（SBS）**
> 　新生児や乳幼児を強く揺さぶる虐待で起きる。脳や視神経などが損傷し，失明や身体障害の危険があるほか，死亡するケースもある（2013 年 12 月 6 日『朝日新聞』より）。

(3) 児童虐待の予防対策

増え続ける児童虐待の予防対策として，各種の具体的な取り組みがすすめられているが，ここでは全国共通ダイヤルの設置と児童福祉法改正について取り上げておきたい。

① 全国共通ダイヤルの設置：2015（平成27）年7月1日より全国共通ダイヤルが設置された。番号は189番（イチハヤク）で，全国どこから掛けても最寄りの児童相談所につながることになっている。全国共通ダイヤルの設置によって，児童虐待の早期発見，早期対応が期待されている[2]。

② 児童福祉法改正：2016（平成28）年3月，児童虐待の防止を図るために児童福祉法の一部を改正することが閣議決定され，2017（平成29）年4月より施行されることになった。その要点は次の通りである。

改正の目的

すべての児童が健全に育成されるよう，児童虐待について発生予防から自立支援まで一連の対策の更なる強化を図るため，児童福祉法の理念を明確化するとともに，母子健康包括支援センターの全国展開，市町村および児童相談所の体制の強化，里親委託の推進等，所要の措置を講ずる。

改正の概要

児童福祉法の理念の明確化，児童虐待の発生予防，児童虐待発生時の迅速・的確な対応，被虐待児への自立支援

児童虐待防止対策の推進体制

2016（平成28）年4月より，厚生労働省内に児童虐待防止対策推進本部（本部長・厚生労働大臣）を設置し，児童虐待について発生予防から自立支援までの一連の対策の更なる推進を図る[3]。

このような児童虐待予防対策の推進により，具体的な効果が期待されている。

(4) 事例の展開

6月の初め，転校生であるS児（男・8歳）と母親が訪れた。特別支援学級編入の希望であったため，担当教員と校長が対応した。S児は初めての学校で緊張していたのか，不安そうで落ち着かない様子であった。手や顔は汗やほこりで汚れており，身に付けている衣服も清潔感に欠けており季節にふさわしくない服装だった。「お名前は？」の問いに対して小さな声で「S君」と答え，「好きな勉強は？」の問いに対しては「ない」，「今日からなかよく楽しく勉強しようね」と呼び掛けると「勉強はきらい，腹が減った」という返事であった。母親は下を向いたままで目線を避けているようであった。「今日からS君の担任として，一緒に勉強することになりました。新しい環境に早く慣れて楽しく勉強できるよう支えます。ご安心ください」と母親にあいさつをすると「母子家庭なので忙しい毎日，子どもと関わる時間はないし可愛いとも思わない，家で

食べさせないのはしつけだからとやかく言わないでほしい，学校はこの子を預かってくれるだけでいい，家庭訪問はしないでほしい」とのことであった。母親は生活に疲れ，子育てに不安を抱えているようであった。最初のあいさつとしては異様さも感じられたが，とにかく信頼関係を築くことが重要であると考え，登下校の時刻や持ち物，通学コース等，学校生活の基本的な事項のみ説明し，不明な点や不安なことがあればいつでも連絡してほしい旨を伝えた。家庭生活の様子について，いくつか確認しておきたいこともあったが話し合える雰囲気ではなかったため質問やコメントは差し控えた。

　担任がS児の異様さに改めて気づいたのは翌日であった。登校してきたS児に「おはよう」と声をかけると元気のない声で「腹減った，何か食べたい」との返事だった。早速，パンと牛乳を用意するとすぐに食べ終え，表情が穏やかになった。頭から足の先まで汚れが目立ち，爪も長く伸びていた。服装は夏のような暑さなのに真冬用のジャンパーを着て手袋もしていた。本人に確かめたところ，しばらく風呂には入っていないし，おうちには誰もいない，ご飯は食べていないとのことであった。母親から家庭のことについては触れないように，との申し出があったことも担任としては気になっていた。「先生はS君のことを心配しているの，何でも話してくれていいんだよ」と話しかけると，「だって，ママに叱られる」，家庭の話題になるとS児の表情は暗くなり無口になった。転校してきたばかりなので信頼関係は成立していないと考え，真偽を確かめることは後日の課題とした。下校時，「明日も元気に来てね」と話しかけて見送った。しかし翌日も翌々日も欠席が続いた。母親との連絡も取れなかったので家庭訪問すると「家には来ないようにと言ったのに約束が違う，話すことはない」と拒絶的であった。しかし目には涙が浮かんでいた。S君のことは担任と他の教職員も協力して支えたい旨を伝えた。「関係ない人に家の様子を知られたくない」とのことであったが，S君をみんなで支えたいからと説明したところ，結果的には了解を得ることができた。前籍校の記録には，欠席日数が多いこと，家庭との連絡はきわめて取りにくいこと，家庭訪問しても留守が多いために面談は困難であること。S児の知能指数は55，等が記されていた。

　母親が子育てに対して消極的であること，食事も十分に与えていないことなどの事情を校長に伝え，学校全体として指導と援助を進めることにした。

1）家庭環境

　住居は民家や商店等が立ち並ぶ一角のアパートで，S児と母親の二人家族。担任が家庭訪問しても留守が多く母親との面談は困難をきわめた。何回か訪問を繰り返す中で，ごく短時間ではあるが面談できることもあった。その場合，母親から近所の人と顔を合わせたくない，との強い希望があったため，近隣住民の方に出会ったり声が聞こえたりしないよう配慮した。多くを語らない母親

ではあるが，断片的な内容をつなぎ合わせると次のことが見えてきた。

「事情があってこの地に転居してきた，その事情は誰にも話せない。接客業として夜間，働いているが収入は不安定であり，生活費とりわけ食事代を節約している。夕刻に出かけて翌朝に帰って来ることが多く，子どもを学校へ送り出すことはできない。時計がわかるので時間になったら一人で出かけているはず。何日も休んでいるとは思わなかった。子どもと会話をすることはほとんどないし顔を見ない日もある。食事は何か食べさせてやりたいが，お金がないうえに疲れているので手抜きをすることがある。以前は近所の身内が何か食べさせてくれていたが，最近は誰もいなくなったので何を食べているのかわからない。子どもが可愛いとは思えない，どうせ人生，なるようにしかならないのだから先のことはあれこれ考えたくない。学校の先生が子どものことで訪ねてくれるのはありがたいが迷惑という思いもある」とのことであった。その一方で，相談したいこともあるので時間を取ってほしいという意向も伝えられた。

転居して間もないためか，家の中には段ボール箱が重ねて置いてあり，荷物の整理はできていないようであった。

2）支援体制

S児に対する具体的な支援体制を図るために，校内に校長を長とする連絡部会を設置した。委員は校長，担任，生活指導担当，養護教諭の4人で構成し，必要に応じて職員会議で報告し，全教職員が共通理解のもとに支援できる体制を整えた。また，校内だけで解決することは困難も予想されるので，児童相談所はもとより区役所や地域の民生委員にも協力を仰ぐことにした。

3）支援経過

S児には知的障害が認められ，3年生であったが平仮名の読み書きはほとんどできず，自分の名前を書くのが精いっぱいという状態であった。1桁の数字を読むことや書くことはできたが，数と量の関係はほとんど理解できなかった。ただし，時計を見ておよその時間を読み取ることはできた。言葉の面での遅れは少なく，思ったことや経験したことを話すことができ，簡単な指示を聞き取って行動することもできた。友だち関係では，「ばかやろう」「うるせー」「しめてやろうか」等の粗暴な言葉が多く，時には暴力をふるうこともあったため，他の児童とは疎遠であった。他の教師も登下校時等に積極的に声をかけるよう努力したが，S児からの反応は少なかった。

健康状態を確認するため，養護教諭も積極的に話しかけた。しかし「知らない」「忘れた」などを繰り返すだけで，気になる食事や睡眠のことについては口を閉じていた。

①S児を受け入れる努力

担任はどこから働きかけてよいか迷いながらも，まずS児を受け入れることから始めた。幸いにも言葉でのやりとりができそうであったので，朝のあい

さつから始まって，できるだけ言葉かけを多くするよう心掛けた。当初は目線を避けて自ら話すことを拒絶していたため，S児が興味や関心をもっていることを中心に会話の機会を多くするよう努めた。大好きな動物の絵本の読み聞かせをしながら「このトラさん，見たことある？」「大きなゾウさん，何を食べているのかな？」などと問いかけた。S児から「トラさん，見たことある，寝ていたから怖くなかった」「ゾウさんも見たことある，リンゴを食べていた」など，絵本や紙芝居の読み聞かせを繰り返すうちに返事が返ってくるようになった。「遠足で動物園へ行くのだけど，トラさんやゾウさんに会えるといいね」に対して「早く行きたい，動物園はどこにあるの？」と学校での行事に興味を示すようになってきた。また，クラスでの係活動では，黒板係として黒板を消す，花係として植木に水をやるなどの係を担当した。いずれも各種の係活動の中からS児が希望した係であった。朝の会や帰りの会，そして係活動を通して他の児童との会話も少しずつ広がり始めた。朝の会でカレンダー係の児童に対して「まだ昨日のままだよ」，窓係の児童に対して「もう一つ，開いてないよ」などとクラスの一員としての仲間意識も育ってきた。情緒的に安定が見られるようになるとともに，粗暴な言葉や行動も少なくなってきた。

「今日はご飯，食べてきたの？」に対して，「食べてきた」と答え，「何を食べたの？」の問いに「忘れた」ということだった。「給食まで我慢できそうなの？」の問いに「昨日から何も食べてない，何か食べたいよ」と泣き顔だった。「ママはおうちにいたの？」の問いに「いない，どこかへ行って帰って来ない」，「誰と一緒に学校へ来たの？」の問いに「一人で来た，だって友だちなんかいないもん」，「昨日はおふろに入ったの？」の問いに「お風呂はない」，「おうちではご飯を食べてないようだけど，どこかよそで食べているの」の問いに「お菓子が少しだけある，もっと食べたいときはお店の外の箱の中を探している」，「S君はママからお金をもらっているの？」の問いに「お金はいらないの，箱の中のご飯だから」。入浴や着替えをしていないだけでなく，近所の飲食店から出される残飯を食べているという衝撃的な内容であった。担任はネグレクトの疑いを強く感じた。

S児は気にいらないことがあると緘黙状態になる，欠席が多くなるという特徴がわかってきた。このため，注意したり批判したりすることは極力さけて，S児のありのままの気持ちを受けとめるよう配慮した。「先生に叱られるから学校へ行きたくない」という思いにさせないためだった。

当初は問いかけに対して答えることが少なく，会話が成立しないこともしばしばであったが，次第にこわばっていた表情も和らぎ，ときに笑顔も見られるようになってきた。S児の言葉から，母親から家庭のことを聞かれても話してはいけない，一人でいるときに誰が来ても鍵を開けてはいけない，ママはおうちにいる，勉強もしているなどと答えるよう強く指示されていることがわかっ

てきた。食事はほとんど与えられておらず，1ヵ月に一度銭湯に通っていること，昼も夜もほぼ同じ衣服で着替えていないこともわかってきた。

② 校内連絡部会と地域連携

校内連絡部会でS児からの聞き取り内容を報告するとともに，職員会議において安全と健康の確保，前籍校での様子，親子関係の様子，食事の実情，生活実態等について情報の共有を図った。前籍校での詳細は確認できなかったものの欠席が多く1年次，2年次いずれも年間授業日数の約半分は欠席，3年次になってからはほとんど欠席状態，保護者との面談を図るために努力してきたが結果は得られなかった，保護者は多忙らしくて授業参観や個人面談で出席したことはなかったなどの経緯もわかってきた。

その一方で，児童相談所や区役所にも連絡することにした。児童相談所からは職員が家庭訪問を繰り返しても，S児とも母親とも面会できない旨の連絡があり，校内でS児と面会することもあった。S児の表情は硬く，問いかけに対してほとんど口を開くことはなかった。このため，児童相談所職員の要請に基づいて担任が同席することもあった。児童相談所としてはS児の児童福祉施設入所についても検討しているようであったが，保護者との連絡が取れないためにしばらく様子を見守りたいとのことであった。区役所は相談があれば積極的に応じたいとの意向であった。地域の民生委員は住んでいること自体を把握しておらず，早急に訪問して確認したいとのことであった。

③ 保護者との面談

ある日，突然，S児の母親が学校へやってきた。連絡メモを届けても返事はなく，訪問しても留守が多く，どのようにして関係を密にしていくか思案していた矢先のことであった。「やっとお会いできて何よりです」とあいさつすると，「仕事が仕事なので忙しくて子育てに割く時間はない。実は今まで人を信用したばかりに何度も裏切られた。人を信用するとみじめになることばかりだった。この子を可愛いと思ったことはなかったし可愛いと言われたこともなかった。先生からこの子は可愛いと言われて，お世辞とわかっていても嬉しかった」とのことであった。正直に伝えていただいたことを感謝の気持ちを伝え，新しい環境にも慣れてきて，元気に頑張っている様子を具体的に伝えるとともに，S君のためには母親の力が不可欠であることも伝えた。母親からは，「前の学校では，朝になると頭が痛いとか腹が痛いとか言って休んでばかりだった。親としても体調が悪いのに無理に行かせることはないと思っていた。この学校へ来てからは自分から喜んで行くようになった。こんなことはなかっただけに親としても嬉しくなって，そのお礼を伝えるためにやって来た。父親は以前，反社会的組織との関わりがあったが今は消息不明」との話もあった。学校でもS君の安全と健康を大切にしていきたい，そのためには母親の協力が欠かせないことを重ねて伝えるとともに，今後は電話またはメモで連絡が取

りあえる方法を確認した。S児の話から，その後は家でご飯を食べることが多くなり，残飯を求めて放浪することは少なくなってきたことがうかがえた。

　母親との面談は校内連絡部会で報告するとともに，児相（児童相談所）にも連絡した。児相からは「やっとの思いで保護者と面談することができた。家庭で育てたいとの気持ちが強く，親としてもそのための時間を大事にする，との意思が確認できたので，しばらく様子をみることにしたい」との連絡があった。

④ 今後の課題

　S児に対するネグレクトが解決したといえる状態ではない。それは食べものが用意されているとはいえ，常に一人で食事していること，ほとんど毎日のように夕方から翌朝まで母親が不在であること，親戚や近隣住民等の協力体制がないこと等，S児が健全に育つための不安要素は多く残されている。母親の思いを尊重しながら，子育て力をどのように支えていくか，支援者に求められている重い課題といえる。

(5) 演習課題

　相談援助の原則は，援助者が相談者からの相談を受けて課題を整理し，相談者の意思を尊重しながら計画的に問題解決へと導くことである。しかし育児放棄（ネグレクト）の場合，相談者側から課題を持ちかけられることは少ないために援助者が積極的に関わることが求められる。

　児童虐待の中でもネグレクトは，児童の健全な成長と発達をいちじるしく妨げるだけでなく，死にいたることも珍しくない。ネグレクトの特徴として，外部からは確認しにくいという面もある。親（養育者）を批判したり非難したりするだけでは問題解決に至らない。関係者や関係機関が情報を共有するとともに，早期にかつ適切に対応することが重要といえる。

　この事例について，バイステック（Biestek, F. P.）の7原則に基づいて検討してみよう。

① 個別化：クライエントの個別の人格や状況を理解し，援助・支援をすること。

　　→対人関係において拒絶的な態度を取る母親に対して，信頼関係を築くためにはどのような方法が有効か，考えてみよう。

② 意図的な感情表出：クライエントの感情を適切に表現させること。

　　→怒りにも似た母親の感情を受け入れるためにはどのような配慮が必要か，考えてみよう。

③ 統制された情緒的関与：援助者は自分の感情を自覚して吟味する。

　　→「食べさせないのはしつけだから」という母親に対して援助者は自分の感情をどのように抑制すればよいか，考えてみよう。

④ 受容：ありのままのクライエントを理解し受け入れること。

　　→「子どもは可愛くない」に対して援助者はどのように対応したらよい
　　　か，考えてみよう。

⑤ 非審判的態度：クライエントを裁いたり批判したりしない態度。

　　→「裏切られるから人は信用できない」という母親に対して，援助者は
　　　どのように対応したらよいか，考えてみよう。

⑥ クライエントの自己決定：クライエントの希望や意思を尊重し，それを
　生かせる決定ができるよう援助し，その決定を尊重すること。

　　→「忙しくて子育てに割く時間はない」に対して，援助者はどのように
　　　対応したらよいか，考えてみよう。

⑦ 秘密保持：クライエントの秘密を守り，信頼関係を保持すること。

　　→「家庭で食事も入浴もさせないことは誰にも知られたくない」に対し
　　　て，どのように対応したらよいか，考えてみよう。

3 　障がいのある子どもとその保護者への支援等の事例分析

(1) 事例の概要

1) 本児のプロフィール

　H君，4歳（3歳児クラス）。出生時の脳の損傷による重症心身障がいがある。
自立歩行はできず，発語もない。児童相談所の判定では，発達年齢は7～8ヵ
月程度。母親と2人で生活しており，兄弟はいない。

　保育園（所）に通園しながら，月2回，療育センターに通所している（運動，
言語訓練）。

2) 保護者のプロフィール

　Sさん，32歳。H君誕生後に離婚し，母子家庭である。正社員としてフル
タイム勤務。少し離れた距離に祖父母が住んでおり，H君が発熱等の緊急時に
は助けてもらえるが，日常はひとりで育児を行っている。療育センターへ通所
する日は仕事を休んで連れていっている。

3) 保育園（所）での経過

　2歳のときに保育園（所）に入園（所）。通園（所）は困難なケースであるが，
母子家庭でSさんがフルタイムで勤務しているため，市の福祉課から紹介さ
れてきた。特別に配慮を必要とするケースであるため，入園時と毎年度末に，
保護者，保育園（所），市の福祉課で話し合いをもつことを条件に入園した。
児童相談所の判定を受け，1名の加配保育士を配置した。

　4月入園（所）当初，H君は体を支えてもらわないとお座りができず，食事
や排泄にも介助が必要な状態であった。安全面やH君の発達を考慮すると通
常の2歳児クラスで他の園児との集団生活は困難であると考え，保育園（所）
側は，安全でゆったり過ごすことのできる1歳児クラスでの生活を提案した。

Ｓさんは承諾はしたが，在籍は２歳児クラスにこだわり，２歳児クラスの色の名札や，帽子等を使用し，ロッカーも２歳児クラスに置くことや，活動も同年齢の子どもたちとの関わる機会をなるべく多くもてるよう強く要望した。保育園（所）は，Ｓさんの要望を尊重し，食事や排泄，午睡等の基本的生活は１歳児クラスで行い，日中活動で危険が少ないような遊びでは２歳児クラスの活動に加わることにした。２歳児クラスと１歳児クラス担当の保育士，Ｈ君の世話を主に担当する加配保育士が連携をとって，Ｈ君の体調や機嫌を考慮しながらその日の過ごし方を決めた。

運動会や発表会などの行事には，どちらのクラスで参加するかが問題になったが，ここでもＳさんは２歳児クラスにこだわった。運動会のかけっこは，１歳児のハイハイレースに参加したが，親子競技やダンスは，母親や保育士に抱っこされて２歳児の種目に出場し，発表会も保育士の介助のもと，２歳児クラスの発表に参加した。

９月以降になると，Ｈ君の体調が不安定であったため，Ｈ君の主治医，保育園（所）の園医の指導により１歳児クラスで静かにして過ごすことが多くなり，Ｓさんも強く２歳児クラスでの活動を希望することはあまりなくなった。

（2）事例の展開

年度末，３歳児クラスへの進級を前に，Ｓさん，園（所）長，市の福祉課職員が同席して話し合いを行った。直前の児童相談所での再判定の結果，Ｈ君の発達年齢は１年前とあまり変わっておらず，体調を崩しがちであったことから，保育園（所）は引き続き１歳児クラスでの生活を基本とすることを提案し，福祉課も賛同した。Ｓさんは保育園（所）に通園させてもらえることに感謝を表し，保育園（所）と福祉課の提案には従うとしつつも，前から訴えているのに同学年の子どもたちとの活動の機会が少ないことには不満をもっている様子であった。

この頃には，保育士のなかからもＳさんに対する疑問や不満の声が上がるようになっていた。Ｓさんはフルタイムでの勤務のため，朝の登園（所）は早く，夕方のお迎えも遅い。朝や夕方は保育士の人数が少なく，Ｈ君がいるのといないのでは，正直なところ負担がかなり違ってくる。Ｓさんはいつも表情が硬く，あまり親しく会話をするタイプではない。保育士がその日のＨ君の様子を伝えたりしても聞いてうなずくくらいであるのに，自分の要望や苦情は強い口調で訴えるようなところもあった。保育士は，療育センターの障がい児専門保育士の指導を受けながら毎月の支援計画を立て，そのねらいにしたがってＨ君の発達を促すような関わりを工夫して遊びや食事の場面で取り入れていたが，Ｈ君には目覚ましい変化はみられず，Ｓさんからの反応もあまりなかった。

改めて，Ｓさんと園（所）長，主任保育士が面談することになった。園（所）

長は，仕事，育児に頑張っているSさんをねぎらいながら，近況について尋ねてみた。すると，普段，自分のことを話さず，送迎時も簡単なやり取りだけですぐ帰ってしまうSさんからこれまで知らなかった状況をいろいろ聞くことができた。仕事では，責任ある仕事を任されることが多くなり，日帰りではあるが出張することもあること，そのようなななかで，月2回の療育センターの他に，隣市の病院が行っている言葉の教室に，月1回，仕事が休日の土曜日に通い始めたこと，H君の発達については，療育センターで歩行器を使った訓練を受けているので，今年は歩行器を使って歩けるようになるのではないか，そうすると年長クラスでお泊り保育に参加したり，小学校へもみんなと同じように通えるようになったりするのではないかと期待している一方で，同年齢の他の子どもがどんどん発達し，活発に走り回ったり，友だちとおしゃべりしたりしているのと比べてその差が広がる一方のようにも感じられ，焦りや不安を覚えること，などであった。Sさんは同年齢の子どもと触れ合う刺激がH君の発達に必要であると強く考えている様子がうかがえた。

　園（所）長，主任保育士はSさんの話を傾聴した後，改めて3歳児クラスに進級しても生活のベースは1歳児クラスに置くことを基本とすることを提案すると同時に，療育センターでの訓練や，言葉の教室での活動を詳しく聞いて，保育園（所）で取り入れられることがあればやってみることや，3歳児クラスでの活動もH君の様子をみながら，これまで以上に計画的に行うことなどを話し合い，双方納得した。

　園（所）内の支援検討会議では，Sさんとの面談でえられた情報を他の保育士に伝え，これからのH君の支援計画について話し合った。これまではH君の保育担当は固定化せず，加配保育士を中心に1歳児クラス，2歳児クラスの全保育士が保育にあたり，支援計画の作成や記録，母親の対応などは2歳児クラスの主担任が中心に行っていたが，Sさんの意向を十分に汲み取ることができていなかったとの反省の声が上がった。3歳児クラスになると担任保育士が1名になるのでますますSさんへの対応が困難になるということで，3歳児クラス担任と，主に生活する場である1歳児クラスの担任，加配保育士と主任，園（所）長の役割について改めて検討した。

　新年度が始まった。H君は早朝の登園（所）であるため，他の園児と同様に1歳児クラスで早出の保育士が受け入れ，クラスの活動が始まる時間まではそのままそこで過ごす。3歳児クラスのお集まりの時間になると，加配保育士が抱っこして3歳児クラスにつれていきお集まりに参加した後，H君の機嫌や体調，天候，その日のクラスの活動の様子をみながら，クラスでの集団活動に加わったり，個別に活動したりする。オムツを使用しているため，排泄，着脱衣，午睡は1歳児クラスで行うが，給食，おやつは3歳児クラスで食べる。お迎えは延長保育の時間帯になることが多いので，その日の生活の様子を，加配保育

士あるいはその日保育を担当した保育士が延長保育の担当保育士に伝達し，Ｓさんに伝えた。

　６月の保護者参観のときは，Ｈ君，加配保育士，Ｓさんがいっしょに３歳児クラスでの「親子ふれあいわらべうた遊び」に参加し，Ｈ君は声をあげて喜ぶ姿がみられた。その様子にＳさんの表情もいつもよりやわらいでみえた。その後は，３歳児クラス担任保育士に主任も加わり個別懇談を行った。療育センターでの訓練の様子をＳさんから聞き，次の通所時には担任保育士も同行して訓練の様子を見学することにした。保育園（所）からは，３歳児になると，スイミング教室やサッカー教室，バスや電車を利用した園外保育など，どうしても同じように参加できない活動が増えること，運動会や発表会などの行事も，同年齢の子どもの活動が複雑で，高度なものになっていくことを説明し，そこにどのような形でＨ君は加わるのか，あるいはＨ君本人にとっては加わることが負担にならないだろうかと，保育園（所）としては対応を悩んでいることを話した。Ｓさんは，やはり同年齢の子どもと同じようにいろいろなことができるようになってほしいし，そのためには本人には多少負担だとしてもチャレンジさせてやりたいという気持ちであるが，子どもの専門家である保育士や，療育センターの指導員，医師などによく相談しながら，焦らずに，Ｈ君のペースを見守りたいと穏やかに話してくれた。

（3）事例の分析と演習課題
1）事例の分析
　保育所の保育士は乳幼児の発達を援助する専門家であり，そのための知識や技術をもち日々子どもと関わっている。保育所で生活する数年間の子どもたちの発達は目覚ましく，この間までハイハイをしていたと思っていた子どもがもう走り回っていたり，いつの間にか子ども同士で会話を楽しむようになっていたりと，そのスピードに驚かされることもしばしばである。運動会や発表会などの行事も子どもの成長を感じられる機会である。最初はぎこちなくやっていたことが練習を通してできるようになる頃には，体も心も一回り大きく成長したように感じられ，それが保育者や保護者の喜びとなる。

　しかし，Ｈ君のケースではその通りにいかないことばかりであった。療育センターから巡回訪問で来る保育士の指導を受けながら，Ｈ君の発達にあったその月の目標を立て，おもちゃを見せながら追視を促す，抱きかかえて揺らす，身体を起こす，タッピングするなどを毎日少しずつ実行したが，それらの働きかけにどうＨ君は反応しているのか，重症心身障がい児の場合はそれを表現する手段に乏しいためなかなか伝わらず，自分たちのしている関わりがそれでいいのか不安になることも多かった。体調を崩しがちになった秋以降は，安全への配慮が第一となりそれらの関わりさえできない日が続いていたところに児

童相談所の再判定で入園当初から発達年齢がほとんど変わらないという結果があり，進級を控えた頃には保育士のなかには焦りや不満を抱えてもやもやした気分を抱えた者が多くなっていたと考えられる。

2）演習課題

① 独りで立つことができず，食事や排泄も自立していない，言葉は発しない，感情や意思を表現することもむずかしいH君に，保育園（所）はどのような生活を提供したらいいだろうか。H君の保育園（所）での発達課題は何だろう。

保育園（所）では，職員配置の都合上，長時間保育のH君に固定の担当保育士をつけることはむずかしかったが，日中はなるべく特定の保育士と関わりをもてるようにした。そうすると，H君が好きなおもちゃや，喜ぶように声をあげる動きがあることがわかってきた。そのことをSさんに伝えると，Sさんも家でいっしょに絵本を読んでいて言葉のようなものを話すのだとその絵本を教えてくれた。保育園（所）でもその絵本をH君とみてみたが，確かに反応はするようであったが，言葉を発するのとは違った。保育士とSさんは，ともにH君の発達を願い，少しの変化を喜び合う関係ではあったが，その発達のとらえ方には差があるように思われた。とくに運動会や発表会等の行事のときには保育士とSさんのギャップが強く感じられた。

② 母親であるSさんと保育士の，H君の発達を期待する気持ち，発達のとらえ方にはどのような差異があるだろうか。

Sさんは賢明な人で，児童相談所の判定をうけたり，療育センターに通所したりとH君の障がいを受け入れてしっかりとH君に向き合って子育てを頑張っていると考えられたが，一方で仕事が忙しいのかお迎えが閉園時間を過ぎる日が続くことがあったり，歩行訓練など今はまだ無理だろうと思われるようなことを保育園（所）でやってほしいと突然要求してきたりということもあった。機嫌よく会話できる日もあれば，イライラした様子が伝わる日もある。普段は送迎時間帯の担当の保育士がSさんとのやり取りをしたが，クラス担任や加配保育士がSさんの送迎時間に合わせて在園するようにしたり，主任や園（所）長も声をかけたりしてSさんの様子を見守るようにした。4歳児・5歳児クラスになっていくと，お泊り保育や就学準備などまた新たな課題が出てくるだろうが，Sさんのニーズを理解，尊重しながら，園（所）内外の連携を活用しつつ，H君の最善の利益を考えてゆきたい。

③ 障がいのある子どもをもつ保護者が感じるストレスや困難さにはどのようなものがあるか考えてみよう。

4　ロールプレイ，フィールドワーク等における事例分析

　保育士となって実際の相談をうける・また対応をする場面には，どんなものがあるのだろうか。保育士が活躍する場面とは，保育所だけではない。社会的養護を必要とする子どもたちや障がいを抱えた当事者やその家族，最近増えている放課後デイサービスなど，その場面と対象と相談内容は多岐にわたっている。

　いくら意気揚々とまた，専門性をもってしても，いきなり悩みや課題を抱える当事者の話を聴き，解決につなげていくことはむずかしいものである。さらに，どのように話を聴いたらよいのかも悩むことが多くて当然である。

　当事者にはいったいどのような悩みがあるのか，また，どうやって話を聴き対応をしたらよいのか，さらには，どのような話の聴き方が当事者にとって相談をしやすいか，理解をしやすいのかを実際に体験し，体感することは，保育士として現場に出る際に強みとなる。その体感型の学びの一環として，さまざまな福祉現場における実習は貴重な学びの場であり機会である。しかし，保育士資格の取得のためであっても，学びのためであっても，福祉施設等での実習には不安を感じて当然である。そのためにも，実際の現場を想定しながら，その対応方法を学ぶロールプレイを行っておくことは，その不安の軽減には効果的である。さらに，実習終了後には，対応に苦慮した場面をそれぞれが持ち寄り，その場面を再現しあうことが有益である。なぜなら，その時の状況を学生間で共有し，その場面の登場人物を演じあいながら，実際の対応が適切であったかを確認するだけでなく，どのような対応が適切であったのかを振り返り，次回に生かすことが可能になるからである。

　ロールプレイとは，このように，実際の場面を想定しながら，それぞれの役割を演じることで対応方法を学び，また習得していく体感型の学習方法である。

　ここでは，対応に苦慮する場面や慎重に対応をした方が望ましい場面などを紹介する。この場面に対して何に配慮し，注意する必要があるのか，実際に隠されている課題や問題は何であるのかを考えながら，自分ならばどのように対応をするのかを考えて欲しい。

（1）事例の概要

　ある児童養護施設での出来事である。

　児童養護施設とは，家庭で生活できない子どもたちを児童相談所の措置によって預かり，家庭に代わってその育ちや自立を支援する施設である。おおよそ 2 歳から 18 歳の児童が入所しており，全国に 300 カ所以上ある施設に約 3 万人の子どもが生活しており，その形態はさまざまである。近年は，虐待を受けたことによる入所，子ども自身が発達障がいを抱え家庭での養育が困難に

なってしまった子どもたちの入所が増加している。親自身の精神疾患や入退院などの理由も少なくない。

その児童養護施設で保育士として働いていると想定してほしい。

昼下がりの児童養護施設。休日であり，子どもたちは保育所や学校が休みであり，日中は外で遊んでいる。その時，外からけたたましい泣き声が聞こえてきた。慌てて駆けつけてみると6歳の女児A子が泣いており，そのそばで7歳の小学2年生のB子が慰めていた。近くには小学1年生のC子がボールをひとりで使って遊んでいた。駆けつけたあなたは，A子に「どうしたの」と聞くが，泣いてばかりでよく聞き取れない。するとB子が「A子がボールを貸してって何度も言っているのに，C子が『嫌』と言って，貸してくれない。そしたら，A子が泣いてしまった」と言う。C子は，いつもトラブルを起こしやすく，何かにつけて文句を言い，自分が悪くても人のせいにする傾向の高い，癖の強い小学生である。

さて，この状況に対してどのように対応をしたらよいのだろうか。

この事例に対して，それぞれ，A子，B子，C子，そして保育士の役割を決める。人数が多いときには，子どもの数を増やしてもよい。

グループにひとり，ロールプレイ後のグループディスカッションの進行役として，ファシリテーター役を決めておくと進めやすくなる。

学校の授業等でこの事例を扱う時には，可能であれば，着席のままではなく，実際に動きながら行うことがより有効である。なぜなら，実際にどのように対応をしたらよいのかが，より鮮明に体感できるからである。

(2) 事例の展開

この事例をグループでロールプレイする際の重要なポイントは，ボールを貸してあげなかったC子役に，ボールを貸してあげなかった理由を，事前に説明しておくことである。さらに，その理由をロールプレイの最中に説明するかしないかは，保育士役の対応によって自分で判断してよいことを確認しておく。

C子がボールを貸さなかった理由は以下のとおりである。

昨日，C子はボール遊びをしようとしたら，年長児にボールを取られてしまって遊ぶことができず，我慢をしていた。今日もつい先ほどまでは年長児がボールで遊んでおり，仲間に入れてと頼んでみたが，一緒に遊ぶことができなかった。年長児がボール遊びをやめた隙を見計らってボールを取りに行き，やっとボール遊びができるようになったばかりであった。

一方，A子はいつも年長児にかわいがられており，C子からすると羨ましい存在であった。そのA子が「一緒に遊ぼう」ではなく，「ボール，貸して」と

いってきた。Ｃ子自身は昨日からボール遊びを我慢していたため，「いやだ」といったら，Ａ子と一緒にいたＢ子も一緒になって「ボール，貸してあげてよ」といってきた。Ｃ子からすると「わたしだって，ボールを使えるようになったばかりなのに。Ａ子ちゃんとＢ子ちゃんは一緒に遊ぶに決まっている。いつも私ばかり我慢している。私だけ，ひとりぼっち。ボール，絶対に貸してあげない」という気持ちになっている。

　この理由を知ったＣ子役は，「この状態なら貸したくない」という気持ちに共感してもらうことが必要である。そして，このロールの良し悪しはＣ子役にかかっていることも付け加えおくことで，Ｃ子役のモチベーションが上がり，ロールプレイの展開が面白くなったりする点は興味深い。

　Ａ子役が泣いているところから，このロールプレイはスタートし，先に説明をしたやり取りをどのグループも展開していく。
　もちろん，Ａ子役は泣き続けたければ，泣き続けてよい。Ｂ子役も，Ｃ子の悪口をいいたければ，言い続けてよい。状況に応じて，各自でその役柄を全うすることが大切である。そのため，保育士役は自分の力量を試されるような感覚になり，プレッシャーを感じるようだが，対応の上手下手が重要なのではなく，場面に応じた疑似体験が目的であるため，保育士役のプレッシャーもそれも含めて貴重な体験であると考えて欲しい。

　さて，この事案がどうなっていったかは興味深いところであろう。
　けたたましい泣き声から始まったこのロールは，さまざまな展開をみせる。
　最後までＡ子が泣き止まず，Ｂ子はひたすらＣ子の文句をいい，Ｃ子は「いや。貸さない」とだけいい，保育士役が何も聞くことができずに終わってしまうグループ。Ａ子が泣き止み，保育士がＢ子の説明だけを聴き，Ｃ子に「貸してあげなくて，ごめんなさい」と謝罪することを強要し，Ｃ子がふてくされてしまったグループ。Ｃ子が理由を説明して，Ａ子Ｂ子と一緒になって遊ぶという着地ができたグループ。グループの数だけ，結果があると思ってよい。これらの結果を全体で共有し，自分が役割を演じているときの気持ちを話し合うことが大切である。気持ちを疑似体験していくこと，その疑似体験からより適切な対応方法を学んでいくことが，ロールプレイの目的だからである。

（3）事例の分析

　Ｃ子がボールを貸さなかった理由を開示するところから，全体共有を始めていく。Ｃ子は単に意地悪でボール貸さなかったわけでなく，本当は一緒に遊びたかったということがわかってくる。そのなかで，保育士にその理由を説明し

たＣ子役に，どうして説明する気持ちになったのかを聞いていく。すると，共通する理由が，保育士役が頭ごなしに叱るわけでなく「何か理由があるんでしょ？」という姿勢で接してくれたから，「理由を話してもいいかなと思った」というＣ子自身の状況を受けとめてくれたことや，理由を聞こうとしてくれたことが嬉しかったとする反応がほとんどである。一方で，最後まで説明をしなかったＣ子役は「保育士のいきなり怒る感じが嫌だった」「ボール，貸してあげなさいよ」というだけで，理由を聴こうとしてくれなかったから，説明する気持ちがわいてこなかった」という感想を述べる。また，泣き続けたＡ子役は，「自分が泣いている理由を聴こうとしたり，大丈夫っていってくれなかったから，泣き止まなかった」と答えたりする。

　保育士役からすれば，Ｃ子役に対して，「そんな理由があるなら，説明して」という気持ちになるだろう。ここで，重要なのは，Ｃ子役が話そうと思う気持ちをどうすれば引き出すことができるのか，という点である。

　理由を説明したＣ子役に話を聴くと，保育士役の話し方がゆっくりだったり，悪いのはＣ子と決めつけなかったりする姿勢が良かったという。また，机から離れ，実際に動きながら対応をした場合には，保育士役が自分の目線に合わせてしゃがんでくれたのが良かったと答えたりする。また，いったんは悪態をついてみても粘り強く保育士役が接してくれた場合は，Ｃ子の態度も変わり，その理由が説明できたりもする。

　Ｃ子から理由を聞くことができれば，解決方法が導き出される。たとえば，少しだけＣ子がひとりでボール遊びをしたら，次はみんなでボール遊びをしようと提案することもできるだろう。けたたましい泣き声が，明るい笑い声に代わることも可能である。

　一方で，説明をしなかったＣ子役は保育士役に対して，悪態をついてしまったり，イライラしたりしたと感想をもつ傾向にある。つまり，保育士役の言動で，Ｃ子の態度が変わり，その結果が変わることがそれぞれの立場からの発言を聴くことで理解することができる。これが現実であったならば，その保育士にＣ子は不満を抱えてしまうかもしれない。それが積み重なれば，そのうち大きな問題行動に発展してしまうかもしれないと想像できるだろう。

　授業で複数のグループで同じロールプレイをした場合，このような比較ができることが利点である。しかし，複数のグループでの実践がむずかしい場合には，先に決めておいたファシリテーターが，それぞれの役どころに感想を聴きながら，どうすればよかったのかを検討することが大切である。その際に必要な視点が，誰も悪者にしてはいけないということである。とくに，保育士役がうまく着地ができなかったとしても，そこから導き出される保育士役の感情をていねいに扱う必要がある。たとえば，泣き止まないＡ子に対してイライラした感情をもってしまったり，話を聴いてくれないＣ子に対して無力感を感

じたりすることも大切な体験である。なぜなら，現場は上手くいくことばかりではなく，むしろ上手くいかないことの方が多く，その際に湧き上がってくる負の感情をどう取り扱っていくかは専門職として必要な視点であり，技術であるからだ。その話題を提供できるのは，その体験をした保育士役に他ならない。

　このような場面は，児童養護施設だけでなく，子どもの現場ではよくあることである。また，家庭で子育てをする親たちの悩みでもあったりする。その際に，その場面の現象だけにとらわれて対応をするのではなく，「この状態になった背景には，どんな理由があるのだろうか」「その理由を聞いてから対応を考えよう」という視点が大切であることを自身の体感として学び，また親への助言に活かされていく。

　対応に悩んだ場面がある場合には，協力者をえながらロールプレイを通して体感していくことも保育士として必要な学びとして，実践してほしく思う。

注)
1)　厚生労働省「平成 27 年度児童相談所での児童虐待相談対応件数（速報値）」
2)　厚生労働省「児童相談所全国共通ダイヤルについて」
3)　厚生労働省「第 1 回厚生労働省児童虐待防止対策推進本部の開催」

参考文献
　文部科学省ホームページ
　森田洋司『「不登校」現象の社会学』学文社，1991 年
　増田健太郎編著『学校の先生・SC にも知ってほしい　不登校の子どもに何が必要か』慶應義塾大学出版会，2016 年
　水田和江・増田貴人編著『新障害のある子どもの保育実践』学文社，2014 年
　秦野悦子・山崎晃編著『シリーズ臨床発達心理学・理論と実践③保育のなかでの臨床発達支援』ミネルヴァ書房，2011 年

索　引

［編著者紹介］

なりきよよしはる
成清美治

兵庫県生まれ

1985 年　龍谷大学大学院文学研究科修士課程修了
現　職　神戸親和女子大学客員教授（社会福祉学博士）
主　著　『社会福祉援助技術』（共著）川島書店　1995
　　　　『ソーシャルワーク』（共著）八千代出版　1997
　　　　『新・ケアワーク論』（単著）学文社　2003
　　　　『新版・社会福祉援助技術』（共編著）学文社　2005
　　　　『相談援助の基盤と専門職』（共編著）学文社　2010
　　　　『デンマークに学ぶ介護専門職の養成』（単著）学文社　2016
　　　　　　　　　　　　　　　　　　　　　　　　他多数

まなべあきひさ
真鍋顕久

岐阜県生まれ

1999 年　龍谷大学大学院社会学研究科社会福祉学専攻博士後期課程単位取得満期退学
現　職　岐阜聖徳学園大学准教授
主　著　『社会福祉の思想と制度・方法』（共著）永田文昌堂　2002
　　　　『日本社会福祉法制史年表平成編 1990-2003』（共著）港の人　2006
　　　　『援助を求めないクライエントへの対応』（共訳）明石書店　2007
　　　　『子ども家庭のウェルビーイング』（共編著）金芳堂　2011
　　　　『子ども家庭福祉論』（共編著）黎明書房　2011
　　　　　　　　　　　　　　　　　　　　　　　　他多数

保育士のための **相談援助**

2017年2月28日　第 1 版第 1 刷発行

　　　　　　　　　　　編著者　成　清　美　治
　　　　　　　　　　　　　　　真　鍋　顕　久
　　　　　　　　　　　発行者　田　中　千津子
　　　　　　　　　　　発行所　㈱　学　文　社

郵便番号　153-0064　東京都目黒区下目黒3-6-1
電話（03）3715-1501（代表）振替　00130-9-98842
http://www.gakubunsha.com

ISBN 978-4-7620-2703-1